中国古代国家治理丛书

恢弘大元

元代国家治理

Huihong Dayuan

马平安 著

团结出版社

图书在版编目（CIP）数据

恢弘大元 / 马平安著 . -- 北京 : 团结出版社，
2023.10
ISBN 978-7-5234-0343-3

Ⅰ . ①恢… Ⅱ . ①马… Ⅲ . ①中国历史－研究－元代
Ⅳ . ① K247.07

中国国家版本馆 CIP 数据核字（2023）第 145170 号

出　版：团结出版社
（北京市东城区东皇城根南街 84 号 邮编：100006）
电　话：（010）65228880 65244790（出版社）
（010）65238766 85113874 65133603（发行部）
（010）65133603（邮购）
网　址：http://www.tjpress.com
E-mail：zb65244790@vip.163.com
tjcbsfxb@163.com（发行部邮购）
经　销：全国新华书店
印　装：三河市东方印刷有限公司

开　本：170mm × 230mm　16 开
印　张：11.75
字　数：179 千字
版　次：2023 年 10 月　第 1 版
印　次：2023 年 10 月　第 1 次印刷

书　号：978-7-5234-0343-3
定　价：43.00 元
（版权所所属，盗版必究）

前言　元朝的特点

元朝是中国历史上由蒙古族建立的、多民族组成的、空前强大的统一王朝。

元朝的前身是成吉思汗建立的大蒙古国。从成吉思汗 1206 年在蒙古高原建立大蒙古国开始，到元顺帝 1368 年在北伐明军的攻击下逃离大都（今北京市）为止，历时 163 年。

元朝的历史可分为两大阶段。第一阶段从 1206 年到 1259 年。此时蒙古政权的统治重心在蒙古高原，先后经历成吉思汗（元太祖）、窝阔台汗（太宗，成吉思汗第三子）、贵由（定宗，窝阔台之子）、蒙哥（宪宗，成吉思汗幼子拖雷之子）四位大汗的统治时期。大蒙古国建立后，1227 年灭西夏，1234 年灭金朝，1247 年并吐蕃，1258 年灭大理，此后又征服畏兀儿，先后发动三次西征，影响力直达欧亚地区。第二阶段从 1260 年元世祖忽必烈（蒙哥之弟）即位起，直到元末。由于忽必烈的汗庭在漠南汉地，这时蒙古政权的国都从哈剌和林（在今蒙古国鄂尔浑河上游东岸的哈尔和林）南移，先有开平（在今内蒙古正蓝旗东北，后称上都），以后又建大都（今北京市）。1271 年，忽必烈改国号“大元”，1279 年灭亡南宋，至此元朝彻底实现统一。忽必烈之后，从 1294 年到 1368 年，又经历成宗（铁穆耳）、武宗（海山）、仁宗（爱育黎拔力八达）、英宗（硕德八剌）、泰定帝（也孙铁木儿）、天顺帝（阿剌吉八）、明宗（和世瑓）、文宗（图帖睦尔）、宁宗（懿璘质班）、顺帝（妥欢帖睦尔）诸帝的统治时期。

元朝的统一结束了中国自唐朝后期藩镇割据以来近四个世纪的分裂局面，由于长期战乱所造成的剧烈社会动荡和严重破坏也宣告终结，中国历史重新步入正常发展的轨道。

元朝疆域辽阔，民族众多。民族迁徙和民族交往，特别是边疆与内地民族之间的交往极为频繁。今天中国境内各民族大杂居、小聚居的格局，在元朝时就已基本形成。大一统的政治局面，为各民族之间文化的交流提供了有利条件，文化之间相互渗透和交融的进程大大加速。中原传统文化，如儒家学说、道家文化、文学艺术、科学技术以及生活习俗对于周边各民族的影响和辐射达到了空前深刻的程度，有力推动了祖国边疆地区的开发。同时，随着周边各民族向内地的迁徙，其宗教信仰、生产技术、手工业产品、生活风俗等也传播到中原地区。在中原先进文化的辐射和带动下，原有的南方与北方、中原与周边文化发展不平衡的现象也在发生显著的变化。大一统局面表现出了多民族、多层面、多样性文化相互补充、相互吸引、相互融合、共存共荣和交相辉映的时代特色。

元朝的统一为科学技术发展提供了有利的条件。元朝著名天文学家、数学家郭守敬为修订历法而进行的天文测量，从北纬15度到65度，南北横跨50度，并在此基础上编制完成当时世界上最精密的历法《授时历》，如果没有国家统一的环境，这一成就是难以想象的。南北大运河从江南贯通到大都，不仅成为南北经济联系的大动脉，也成为南北文化交流的催化剂。此外，在统一、稳定的社会发展中，元朝航海技术也有了很大的进步，中国航海家善于利用季风规律，通过指南针导航前往东南亚、西亚和非洲。元代旅行家汪大渊两次乘船远航，曾到达非洲东海岸，根据自己海外见闻编著《岛夷志略》一书。这些航海活动为明初郑和下西洋奠定了基础。

元朝还是中国历史上中外文化交流极昌盛的时代。由于元朝疆域广袤，陆路、海路交通范围扩大，此疆彼域的藩篱不复存在，元朝政府鼓励商人四海经商，因而外国商人来中国者极多。再加上元朝政府对各种宗教、文化采取兼容并蓄政策，这就给东西方文化交流打开了方便之门。元朝时东西方之间经济、文化交流，对世界文明的进步也具有重大的意义。

总的说来，元朝的大一统局面为其经济发展、文化交流、科技进步奠定了坚实的基础，其开拓、开放、恢弘、自强等精神永不朽。

目 录

第一章　成吉思汗统一蒙古

1206年，铁木真统一蒙古诸部，在斡难河源建立大蒙古国政权，他被推举为大汗，尊为“成吉思汗”。大蒙古国建立前后，成吉思汗按照蒙古社会传统，分封草原牧民和牧地，同时也顺应时代要求，建立和健全大蒙古国统治机构和制度，以巩固对草原地区的统治和维护蒙古贵族的利益。这些制度设施主要包括草原兀鲁思分封、千户制、怯薛制、设置大断事官和颁布札撒、创制文字等方面内容。成吉思汗在巩固统治之后，1205年、1207年和1209年三次发动征伐西夏的战争，迫使西夏称臣纳贡。从1211年起成吉思汗连年南下进攻金朝，连破河北、山东以及辽东地区州县，金朝遣使求和，并迁都以避蒙古军的锋芒。1215年蒙古军攻占金朝中都，开始在中原占领区建置统治机构。1219年至1224年，成吉思汗率军西征，灭亡花剌子模王朝。经过成吉思汗时期的对外战争，大蒙古国疆土扩展到中原和西域广大地区。

一、成吉思汗建国与创制

辽阔的漠北地区，自古以来就是北方游牧部落生存发展的场所，大大小小的部族和部落出没在这块广阔的草原地带。五帝时代的薰鬻，商周时期的鬼方、猃狁，春秋时期的北狄，战国时期的匈奴，都曾经活跃在历史舞台上。匈奴西迁以后，鲜卑成了这里的主人，其后柔然、突厥、回鹘、黠戛斯人相继称雄漠北。各部族和部落的兴衰、更替的历史，直到蒙古民族共同体形成才告结束。蒙古民族是自古以来活动在蒙古地区的各部族和部落发展、融合的结果。

构成蒙古族核心的蒙古部是中国境内东胡语系室韦的一支。唐朝时称为“蒙兀室韦”，生活在黑龙江上游的额尔古纳河流域，过着原始的渔猎生活。大约从公元九世纪后期陆续向西迁移，迁移到原属回鹘统治的广阔草原，直到怯绿连河（今克鲁伦河）、斡难河（今鄂尔浑河）和土兀剌河（今土拉河）三河之源的不儿罕山（今大肯特山）一带。此后蒙古各部落在西起三河之源、东至呼伦贝尔地带的广阔草原上游牧。[①]进入草原以后，游牧畜牧业很快发展起来。在辽朝的统治下，他们与中原地区的联系日益紧密。中原经济、文化的影响，特别是铁器的输入，促进了蒙古各部社会生产力的发展。塔塔儿（鞑靼）成为草原上强大的部落，并进而组成了部落联盟。金朝统治时期，蒙古部落逐渐有了较大的发展。原始的氏族制度迅速瓦解，私有制日益发达，部落之间争斗激烈。经过长期角逐，1206年，铁木真统一了蒙古各部，在斡难河源建立了大蒙古国，他被推举为大汗，尊为“成吉思汗”。

成吉思汗建国后，根据国家政权的需要，发展和创制了一系列国家制度。

---

① 参见齐涛主编，张金铣、赵文坦、齐涛著：《中国政治制度史》第七卷《恢宏与草昧的元朝政治》，泰山出版社 2003 年版，第 49—50 页。

（一）千户授封制度

千户制是蒙古国家的基本行政制度。1204年铁木真进攻乃蛮之前，便将所有军马按照千户、百户、十户统一编组，委派了各级那颜。从1196年开始，经过多年的武力征服，成吉思汗统一了蒙古草原上的诸部落。大蒙古国建立后，成吉思汗把全蒙古的百姓统一按照十进制重新编组，划分为九十五千户，并划定各千户的牧地范围，分别授予建国有功的贵族和那可儿，封他们为千户那颜（或称敏合敦那颜，即千户长）。千户之下分为若干个百户，百户之下为十户。每十户设一个十户长（或称牌头，十户为一牌），每百户设一个百户长。千户制度成为大蒙古国在草原地区进行统治的基本组织制度。就千户的构成来看，多数的千户是千户首领们在随从成吉思汗进行统一战争中不断收聚而来，这些千户基本上都是就原来的氏族部落组织重加编划而成。不过，就整个授封结构来看，建国后的千户制与旧的氏族部落组织有着本质的区别：

（1）旧的氏族部落是由草原贵族家庭的分衍所产生，其实力决定于首领本人的强弱，强者得以任意扩大，弱者往往自行消亡。千户授封则完全根据成吉思汗的命令。千户的规模、统领的那颜与屯驻的牧地，一切皆以成吉思汗个人的命令是从，不稍违忤。即使那些基本上维持旧氏族部落组织的弘吉剌、亦乞列思、汪古等驸马部族，也明确规定了千户的数目，不得任意增减。

（2）旧的氏族部落首领都是贵族之裔，其核心基本上也是同族的贵胄。授封的千户那颜则是成吉思汗的功臣，他们出身各不相同，甚至包括被解放了的奴隶。即使出身于贵族，但他们之得以受封主要是视其功勋，而不是考虑其旧贵族的身份。

（3）所有千户的领地、民户，其最高所有权在成吉思汗。大汗对于千户那颜可以撤换、调遣。对其人户、牧地亦可进行抽调、改换。千户那颜可以世袭，但必须先由大汗认可。每一个千户都有指定的驻牧地，部民被牢固地束缚在所属千户之内，在规定的地域之内进行游牧，为领主提供赋税、差役和兵役等。[①]

千户的组成主要有以下两种情况。一部分千户是由同族部众结合而成的。如成吉思汗的姻亲弘吉剌部的按陈驸马，亦乞列思部的孛秃驸马，汪古部的阿剌兀思惕吉忽里等，作为姻亲或者通过主动归附，依旧“统其国族”，按照统一的制度分组为若干千户，任命亲族为千户那颜，但需经成吉思汗的批准。后来归附的斡亦剌部忽都合别乞亦统本部四千户，可以自行任命千户那颜。除此之外，还有一部分率部投奔的氏族首领，如兀鲁部的术赤台、忙兀部的畏答儿、巴阿邻部的豁儿赤、格尼格思部的忽难等，他们出身尼鲁温蒙古，拥有自己的一圈子人马，但早已归附铁木真，并且长期为铁木真效力，所以也被准予管领本部百姓。这一类由本部人组成的千户数量不多，实际上其内部也包括原有的来自不同部族的属民。此外，成吉思汗的将领们在战争中也各自“收集”了不少百姓。编组千户时，成吉思汗允许他们以所得百姓组成千户。还有一些作战有功的那可儿，也特许收编“无户籍”的百姓组成千户，或者从各那颜所属百姓中抽调一部分组成千户，授予他们管辖。

这样编组的千户不仅是大蒙古国的军事单位，也是地方行政单位，完全取代了过去的氏族或部落组织。通过编组千户，全蒙古的百姓都纳入了严密组织体系，由大汗委任那颜进行管辖。全国部民都是成吉思汗家族的臣民，他们被划归各千户“著籍应役”，大汗按千户征派赋役和签调军队，所有民户都应负担差发，贵贱无有一人得免者。凡境内十五岁以上、七十岁以下的男子，统统编为士兵，十人为一牌，设牌头，随时根据命令，自备马匹、兵仗、粮草，由本管那颜率领出征。所谓“上马则备战斗，下马则屯聚牧养”，所有成年男子平时是从事畜牧的牧民，战时成为跃马弯弓的军人。

千户之上，则设立左、右翼万户为最高统兵官，除分封给诸弟、诸子外的所有

---

① 参见周良宵著：《元史》，上海人民出版社 2019 年版，第 121—122 页。

千户都分属于这两个万户。元人称，“时官制惟左右万户，次千户，非勋戚不与”[①]。成吉思汗任命博尔术为右翼万户，管辖西面，直到按台山（阿尔泰山）地区；木华黎为左翼万户，管辖东面，直至哈剌温只都山（大兴安岭南部）地区。同时任命纳牙阿为中军万户，管辖大汗的护卫军。1207 年成吉思汗控制北方“林木中百姓”后，又封巴阿邻部的豁儿赤为万户，该万户由巴阿邻、阿答乞儿、赤那思、脱斡列思、帖良古惕诸部组成，镇守沿边“林木中百姓”的地面。另外，管领格泥格思千户的忽难，被命为长子术赤所属百姓的万户。[②]

通过千户授封制度，成吉思汗把蒙古各部有效地置于自己的统一控制之下，使蒙古高原全境建立起了稳定的秩序。统一的汗权对于地方千户、百户能够令行禁止，如身之使臂，臂之使指。它不仅给蒙古社会开辟了发展和繁荣的广阔空间，同时也使蒙古人拧成一股绳，大大增强了对外扩张与发展的军事能力。

（二）怯薛制度

怯薛制度就是护卫军制度。

怯薛是大汗的护卫军。在长期战争磨炼中，成吉思汗诸部建立起一支强大的护卫军，构成成吉思汗军队的核心力量。1204 年，成吉思汗就建立了一支五百五十人的护卫军。护卫军，蒙古语称怯薛。护卫军成员蒙古语为“怯薛歹”，复数称“怯薛丹”。这支护卫军包括八十名宿卫、七十名散班、四百名箭筒士。建国以后，成吉思汗将护卫军扩大到一万人，包括箭筒士一千名、宿卫一千名、散班八千名，怯薛一般由千户长、百户长、十户长以及自身人（自由民）中有技能、体格健壮的子弟充当。成吉思汗规定：怯薛千户子弟可自带十名随从，百户子弟可带五名，十户及一般贵族子弟可带三名。此外，各级贵族子弟还可带一名兄弟入卫。入卫的怯薛，都

---

① ［元］苏天爵撰：《国朝名臣事略》卷 4，《丞相顺德忠献王》。

② 参见齐涛主编，张金铣、赵文坦、齐涛著：《中国政治通史》第七卷《恢宏与草昧的元朝政治》，泰山出版社 2003 年版，第 92—94 页。

由依附民户供纳马匹和财物，负担科敛。

怯薛是大汗亲自统领的作战部队，职责是守卫大汗金帐和分管各项事务。成吉思汗规定了严格的护卫制度：宿卫值夜班，箭筒士和散班值日班，各分为四队，轮番入值，每番三昼夜，总称为“四怯薛”；箭筒士、散班在日落前将所司职责移交给值夜班的宿卫，出外住宿，次日早饭后再入值；入夜时，任何人不得在宫帐前后走动，违者宿卫得捕之，擅自闯入者处死；任何人不得杂入宿卫中，也不准打听宿卫人数；大臣奏事需经怯薛通报，奏事时值班怯薛不离大汗左右。怯薛内部分工明确，有火儿赤（佩弓矢者）、云都赤（带刀者）、札里赤（书写圣旨者）、必阇赤（书记、主文史者）、八剌哈赤（守城门者）、阔端赤（掌从马者）、兀剌赤（典车马者）、博尔赤（厨子）、答剌者（掌酒者）、速古儿赤（典御服者）、昔宝赤（掌鹰隼者）、怯里马赤（传译者）、火你赤（牧羊者）、帖麦赤（牧骆驼者）、忽剌罕赤（捕盗者）、虎儿赤（乐师）、莫伦赤（掌马匹者）等十余种。成吉思汗最亲信的那可儿博尔忽、博尔术、木华黎、赤老温四家世袭担任四怯薛之长，博尔忽家族掌第一怯薛（亦称也可怯薛），博尔术家族掌第二怯薛，木华黎家族掌第三怯薛，赤老温家族掌第四怯薛。怯薛长是大汗的亲信内臣，元朝称为“大根脚”出身，放外任即为一品官。[①]

怯薛是大汗直接掌握的最精锐的军队，关键在于“制轻重之势”[②]，居重驭轻，随时镇压来自各方面的反抗，同时，怯薛也是成吉思汗对外征战和进行扩张的强有力工具。成吉思汗规定，诸怯薛执事官作为大汗的侍从近臣，地位在外任千户那颜之上。如果他们与千户那颜发生争执，罪在千户那颜。怯薛不仅是大汗的护卫军和宫廷事务机构，而且具有政府职能，在大蒙古国的军政事务中发挥着巨大的作用。大汗常常派怯薛为使者，出去传达旨意，或处理重大事务。怯薛调任外官，多担任重要职务。成吉思汗直接掌握着这样一支最强悍的亲信卫队，就足以

① 参见齐涛主编，张金铣、赵文坦、齐涛著：《中国政治通史》第七卷《恢宏与草昧的元朝政治》，泰山出版社2003年版，第94—95页。

② 《元史》卷99，《兵二·宿卫》。

制约任何一个在外的诸王和那颜。同时，各级那颜的子弟都被征入护卫军，等于“质子”，也有助于成吉思汗更牢固地联系和控制分布各地的那颜，使他们效忠于自己。在经历了长时期的氏族贵族相互争战之后，建立一支强大的武装力量，对维护最高汗权、巩固新生政权、防止旧贵族复活和重新发生内战，是十分必要的。[①]

（三）用法律治国

在成吉思汗建国之前，维持蒙古氏族制社会秩序的是世代相沿的习惯法。大蒙古国建立后，为了巩固统治、安定秩序，亟待制定法律与建立司法机关。据《史集》记载，成吉思汗曾认为：“凡是一个民族，子不遵父教，弟不聆兄言，夫不信妻贞，妻不顺夫意，公公不赞许儿媳，儿媳不尊敬公公，长者不保护幼者，幼者不接受长者的教训，大人物信用奴仆而疏远周围亲信以外的人，富有者不救济国内人民，轻视习惯和法令，不通情达理，以致成为当国者之敌。这样的民族，窃贼、撒谎者、敌人和［各种］骗子将遮住他们营地上的太阳。这也就是说，他们将遭到抢劫，他们的马和马群得不到安宁，他们［出征］打先锋所骑的马精疲力竭，以致倒毙、腐朽，化为乌有。”这正表明了成吉思汗对制定法律的迫切需要。《史集》也记述了成吉思汗在即汗位之先，“订立完善和严峻的法令”（札撒）。其后，在出征花剌子模前，成吉思汗又举行了忽里勒台，“在他们中间对［自己的］领导规则、律令和古代习惯重新作了规定”。西征结束后，他又“颁发了若干英明的诏敕”[②]。然后把所有这些法令集中起来，缮写成册，成为著名的成吉思汗札撒或大札撒、札撒大典。

札撒大致包括经过成吉思汗认可的旧有的习惯法（约速）、由他所颁行的法令（札撒）以及圣谕（必里格）等。这些律令在《埃及志》《史集》《世界征服者史》

---

① 参见韩儒林主编：《元朝史》上册，人民出版社 1986 年版，第 90 页。

② ［波斯］拉斯特主编，余大钧等译：《史集》第 1 卷第 2 分册，商务印书馆 1983 年版，第 185、272、316、354 页。

及一些汉文史籍里都有零碎的记载。根据元人记载，在元宫廷的档案库金柜里，确实保存有成吉思汗札撒。柯九思《宫词》："万国贡珍罗玉陛，九宾传赞捲珠帘，大明前殿筵所秩，勋贵先陈祖训严。"注云："凡大宴，世臣掌金匮之书，必陈祖宗大札撒以为训。"[①] 黄溍《金华黄先生文集》中亦载："故事，天子即位之日，必大会诸侯王，读太祖宝训。"[②] 所谓"祖训""宝训"，指的就是成吉思汗札撒中的必里格部分。

成吉思汗札撒的特点，集中表现在两个方面：

第一，维护至高无上的汗权。无论是必里格、札撒以及以法律形式确定下的约速，都是经过口含天宪的大汗，根据成吉思汗个人的意志与需要而制定的。成吉思汗"废除了那些蒙古各族一直奉行、在他们当中得到承认的陋俗；然后他制定从理性观点看值得称赞的法规"[③]。法律肯定大汗是长生天意志的代言者。最高权力集中于大汗一身，诸王贵族皆不得称汗。大小臣民，都必须严格遵守札撒。

第二，刑罚繁苛。在刑罚中经常使用的是死刑。发现逃亡之奴隶或逃跑之俘虏而不将其交还所有人者，处死刑。未得许可擅与俘虏衣服或食物者，处死刑。擅自离开所属之百户、千户外迁者，处死刑；收容者也要受到严惩。围猎中稍有错失，纵逸野兽者，有时也被处以极刑。盗马者，罚偿马九匹，无马则以其子代之。此外，一些本不构成死罪的轻犯，以及在生活中禁忌的触犯者，也都处以死刑。[④]

二、成吉思汗对外征战

成吉思汗完成军政一体化的政权建设后，就走上了所向披靡的对外征战之路。

---

① 《元诗选》3 集《戊集》。

② ［元］黄溍撰：《金华黄先生文集》卷 24，《拜住神道碑》。

③ ［伊朗］志费尼著，何高济译：《世界征服者史》上册，商务印书馆 2004 年版，第 28 页。

④ 参见周良宵著：《元史》，上海人民出版社 2019 年版，第 132—134 页。

1. 征西夏

成吉思汗统一蒙古草原不久，就将对外军事征服提上了日程，第一站征伐的是西夏。早在1205年，成吉思汗击败乃蛮部后，就曾试探性地进犯西夏边城，掳掠牲口人众。两年之后，成吉思汗一方面令长子术赤统兵进攻蒙古高原北方的部落；另一方面则亲征西夏，攻破了重镇兀剌海城。一时间，西夏朝野震动。

到1209年，由于畏兀儿部的归附，蒙古军队掌控了西域，西征可攻打西辽，东南可进攻西夏。西夏的东西两面都暴露在蒙古的兵锋之下。蒙古铁骑第三次攻打西夏，一直打到了西夏都城中兴府（今宁夏银川）。虽然未能破城，但西夏王迫于形势，接受了蒙古的议和条件，为成吉思汗献上了王女察合和骆驼等贡品。自此，蒙古取得了在河套地带的话语权，渐有窥视中原之势。

在攻打西夏的战争中，成吉思汗意识到他要对抗的是一种不同的文明形态，因此不能像统一草原那样，以纯粹的武力，通过一两场战争决定胜负。他征服的对手在政治和军事制度上更具先进性，能够迅速从战争的创伤中恢复过来，并调集更多的资源进行下一次战争。鉴于此，成吉思汗放弃了迅速灭亡西夏的想法，转而施行不断骚扰的疲敌战术，充分发挥游牧骑兵来去如风的优势，犯边劫掠，以战养战。此举给西夏的边防造成不小的压力，极大地损耗了西夏的国力。可以说，西夏最终就是亡于成吉思汗制定的这套疲敌战术。

此后，蒙古又先后三次进攻西夏，直到病逝前夕，成吉思汗还亲自率军围困中兴府。西夏宝义二年（1227年）六月，西夏王李晛被迫请降，但他要求成吉思汗宽限一个月献城。七月，成吉思汗病逝三天后，西夏献城投降，立国一百九十年的西夏王朝至此灭亡。

在与西夏的战争中，成吉思汗和他的继承者们看到了西夏与金、南宋之间的复杂关系，转而利用这三个王朝之间的矛盾冲突，谋求大蒙古国利益的最大化。凭借着强大的军事压力，大蒙古国强迫西夏称臣议和，命令西夏断绝与金朝的同盟外交。西夏、金两国由此战争不断，实力均有损耗；坐收渔翁之利的大蒙古国则轻而易举地获得了河套平原等富饶地区，以及连接西域和中原的河西地区。可以说，蒙古政权对中原农耕文明的包围态势和优势，正是在对西夏的战争中取得的。

2．伐金

成吉思汗对外征服的另一个对象是金朝。1211年，成吉思汗挥师南下，开始征服北方这个最大的政权。

成吉思汗先后四次对金朝发起进攻。第一次在1211年，成吉思汗以为俺巴孩汗复仇为名出师，双方会战于野狐岭。野狐岭位于今河北省张家口市张北县正南方向，山势险峻，是拱卫燕山山脉的重要隘口，也是农耕与游牧文明的地理分界线。此地一旦失守，蒙古铁骑便能迅速进入幽燕之地，进而进犯华北平原。对于成吉思汗的进攻，金朝如临大敌，不仅陈兵三十万，准备一战定胜负，而且广征民夫，修筑了长达三百公里的防御线，试图滞缓蒙古军队的进攻势头。相较于实力雄厚的金王朝，成吉思汗率领的军队在人数上处于绝对劣势。更为不利的是，长期在草原征战的蒙古人并没有攻坚拔寨的经验策略和军事器械。然而堪称军事天才的成吉思汗先利用蒙古骑兵快速机动的优势，分兵袭扰金朝修筑的堡垒，让金国军队往来调动，疲于奔命，而后以迅雷不及掩耳之势，夺取了至关重要的乌沙堡、乌月营，用最小的代价，让金王朝的北方防御线土崩瓦解。在决定性的獾儿嘴决战中，面对敌方据险以守、骑射难以施展的劣势，蒙古军队毅然选择下马步战，集中突破，直扑金军统帅大营。金军虽有三十万之众，但却因过度分散难以调动，蒙古军队大获全胜。而后，蒙古军队利用骑兵优势，肃清残敌，丝毫未给敌人喘息之机。金王朝精锐部队几乎尽没于此，成吉思汗打开了通向华北平原的通道。

野狐岭之战是金王朝走向覆亡的开始，同时也打破了南宋和金相持百年的僵局。由于中都已无险可守，金王室转而迁都开封，放弃了经营百年的幽燕之地，局势江河日下。而南宋王朝在目睹金国实力削减后，开始谋求与蒙古人联合，消灭金国，恢复故地，蒙、金、宋进入了一个新的博弈抗衡时期。

1217年，成吉思汗决定西征花剌子模。西征前夕，他将经略金国之事全权托付给木华黎。木华黎一改往日蒙古军队攻而不治的政策，开始经营河北地区。他重用史天倪、刘黑马等一批降将，也招纳了一部分汉族谋士，给予他们爵位和官职，治理攻拔的州县。著名的耶律楚材就是在这时被征召至成吉思汗的营帐中效命的。同时，在这些汉族谋臣、豪强的建议下，木华黎下令禁止蒙古军队进行不必要的掳掠，着力于恢复河北、山西地区的农业生产，为蒙古与金朝的持续对抗提供后勤支援。在木华黎的经略之下，蒙古伐金的战争逐渐转变为攻城略地之战，金朝灭亡已经不可避免。

3. 西征欧亚

成吉思汗统一漠北各部以后，原蔑儿乞首领脱脱之子火都以及乃蛮部古出鲁克战败逃亡后，仍在西方活动。古出鲁克篡夺了西辽的政权，构成对蒙古的威胁。原臣服西辽的花剌子模兼并撒马尔罕地区，向外扩张。火都在成吉思汗南下征金时，乘机纠集蔑儿乞残部，在乃蛮故地以西图谋再起。1217 年秋，成吉思汗为解除西边的威胁，命大将速不台追击火都的残余部众，同时把征金战争交付给万户木华黎，准备亲率大军西征。西征的导火线是中亚强国花剌子模的挑衅行为。

成吉思汗统治后期，漠北的环境较为安定，花剌子模和蒙古之间商贸往来频繁。为进一步获得贸易利润，1218 年，成吉思汗下令从蒙古诸王和千户麾下抽调四百五十个有经商才能的色目人组成一支商队，携带着钱币到花剌子模收购珍宝。然而，商队在进入花剌子模境内的讹答剌（今哈萨克斯坦齐穆尔）时，守城的长官哈只儿汗贪图商队的财物，诬蔑他们为间谍，在征得了摩诃末的准许之后，将商队成员全部杀害，仅一人幸免于难。消息传回蒙古，成吉思汗极为震怒，决意西征。

在讨伐花剌子模之前，成吉思汗派出过由一个色目人和两个蒙古人组成的三人使团，向摩诃末索要讹答剌事件的罪魁祸首哈只儿汗。讹答剌城的守臣哈只儿汗是摩诃末母亲的亲属。在花剌子模，摩诃末母族的势力强大，摩诃末不敢挑战其权威，于是下令杀死了色目使臣，并剃光了另外两个蒙古副使的胡须。对蒙古人来说，被剃掉胡须是奇耻大辱。摩诃末用这种杀使辱臣的方式，强硬地拒绝了成吉思汗的要求。

虽然双方矛盾不可调和，但成吉思汗还是在经过了长达两年的准备之后，才于1219年夏令幼弟铁木哥斡赤斤留守蒙古老营，亲率将近十五万的蒙古铁骑，踏上了第一次西征之路。

鉴于路途遥远，战线太长，成吉思汗制定了虚实结合、出其不意的军事策略。察合台、窝阔台带领一支军队围攻讹答剌城；术赤统率的军队直趋锡尔河下游的毡的城；阿剌黑等则带领一支军队，攻取锡尔河上游的巴纳克忒和忽毡城。如此一来，花剌子模全境都受到蒙古军的攻击。至于主力军队，则由成吉思汗和拖雷统领。这是一支奇兵，在渡过锡尔河、越过克孜勒库姆沙漠后，消失在人们的视野中，谁也不知道他们会在何时何地突然杀出。

相比数年前对金朝的战争方式，此次出征，蒙古人在攻城拔寨方面有了更充分的准备。弩炮和投石机得到广泛运用，火药和石油的威力也在这场战争中得到验证，它们随着蒙古铁骑西征的步伐，传到中亚乃至欧洲。

蒙古铁骑强劲的进攻势头，以及一座座城堡的陷落，让花剌子模的算端摩诃末丧失了抵抗的信心。当首都撒马尔罕受到攻击时，摩诃末父子匆忙出奔。蒙古军队则一路追击：向西，一直追到了里海；向南，则进入印度河流域。战争进行到1222年，花剌子模的抵抗已全盘瓦解。称霸中亚半个世纪的花剌子模王朝，至此彻底烟消云散。1224年，成吉思汗留下哲别和长子术赤分别率军向西追讨残敌，自己班师返回蒙古高原。①

① 参见向珊著：《解元：他们的元朝》，华文出版社2021年版，第18—25页。

第二章　耶律楚材改革

耶律楚材字晋卿，号湛然居士，金朝金章宗、金宣宗时官吏，中都陷落（1215 年）后为成吉思汗看中，从此成为大蒙古国的一名治臣。他曾随成吉思汗西征。成吉思汗去世后，他支持窝阔台即位，初创礼仪，维护皇权至尊；十路课税，创立保民财政体制；抑制诸侯，加强中央集权；保全黎庶，稳定战后中原秩序；编户齐民，开创二元郡县制度；制定新税法及其他措施，革除政治弊端；倡导儒学，重视以儒治国。他在蒙古成吉思汗、窝阔台两大汗时期任事近三十年，为元代立国建制奠定了基础。

一、初创礼仪，维护皇权至尊

成吉思汗生前，对其长妻孛儿帖所生四子：术赤、察合台、窝阔台与拖雷在继承上做出了周密的考虑。“成吉思汗替他们各自选择了一项特殊的职务。他命长子术赤掌狩猎，这是蒙古人的重要游乐，很受他们的重视。命次子察合台掌札撒和法律，既管它的实施，又管对那些犯法者的惩处。他选择窝阔台来负责一切需要智力、谋略的事，治理朝政。他提拔拖雷负责军队的组织和指挥，及兵马的装备。”① 术赤在血统上流言籍籍，察合台性情暴躁，两人的关系十分紧张。这使“他对于大位和大汗尊号的传授犹豫不决起来：他时而想到窝阔台，时而又想到幼子拖雷，因为在蒙古人中间自古以来就有幼子掌管父亲的根本禹儿惕和家室的习俗和规矩。后来，他说道：‘掌管国家和大位是艰难的事，就让窝阔台掌管吧！而包括我所聚集起来的禹儿惕、家室、财产、库藏以及军队在内的一切，则让拖雷掌管。’” ② 在出发西征前，他便做出了以窝阔台继承汗位的决定，并得到了诸子的一致同意。

成吉思汗死后，虽然根据其遗嘱，大蒙古国汗位将由第三子窝阔台继承，但按照惯例，新汗必须经过宗亲、贵戚与勋臣参加的忽里勒台（聚会）的推选，汗与臣属各宣誓约之后，才能正式即位，行使汗权。在这一段汗位虚悬的时期，幼子拖雷以大斡耳朵继承人的资格，权任监国，同时负责筹备召开选举大汗的忽里勒台事宜。

1229 年 8 月，术赤诸子自钦察草原、察合台自忽牙思、窝阔台自叶密立与霍博；斡赤斤、别里古台、阿勒赤歹等来自东蒙古，齐集怯绿连河曲雕阿兰之地。其他贵戚、勋旧、重臣也都来会。虽然窝阔台是成吉思汗指定的接班人，但监国拖雷实力雄厚，且表现出恋栈之情。窝阔台自感难以抗衡，对即位之事一再推辞。

---

① ［伊朗］志费尼著，何高济译：《世界征服者史》上册，商务印书馆 2004 年版，第 44 页。

② ［波斯］拉施特主编，余大钧等译：《史集》第 2 卷，商务印书馆 1983 年版，第 5 页。

“宗亲咸会，议犹未决。”耶律楚材向拖雷进谏说：“此宗社大计，宜早定。”拖雷曰：“事犹未集，别择日可乎？”大汗之位久悬不决，国家极有可能陷入手足相残的局面。值此危急关头，耶律楚材向拖雷进谏，希望其践行成吉思汗的遗嘱。见拖雷迟疑不决，并以诸事未定拖延，耶律楚材立即以占卜之臣的身份劝说“过是无吉日矣”[1]。所谓吉日，就是原定新汗登基的八月二十四日。这一语双关的劝谏，无疑是在暗示拖雷，此次忽里勒台大会是为新汗即位而召开的，一旦无果，两强并立成为公开事实，王公贵族各自站队，最终导致兵戎相见，则国家将再无吉日。

拖雷听从了耶律楚材的劝谏，拥戴窝阔台登上汗位。同时，耶律楚材力图将窝阔台的汗位变成中原王朝拥有绝对威权的帝王之位。他深知成吉思汗的大汗威权得以保持，除了由于其草创了大蒙古国制度外，更多的是因为大汗自身的英雄魅力和赫赫战功，这属于震慑式威服。窝阔台虽然也是天纵英才，但相比成吉思汗显然不足，想要稳固汗位，必须在蒙古建构儒家贵贱有序的君臣制度和礼仪制度。

在这种情况下，耶律楚材通权达变，知晓只要劝服身份最尊贵的察合台在典礼上行跪拜礼，他人自会效仿。耶律楚材于是“遂定策，立仪制，乃告亲王察合台曰：‘王虽兄，位则臣也，礼当拜。王拜，则莫敢不拜。’王深然之。及即位，王率皇族及臣僚拜帐下。既退，王抚楚材曰：‘真社稷臣也。’国朝尊属有拜礼自此始”[2]。察合台是窝阔台的坚定拥护者，当然同意此议。于是在即位大典上，察合台拉着窝阔台的右手，拖雷拉着窝阔台的左手，他的叔父斡惕赤斤抱住他的腰，把他扶上了大汗之位。拖雷汗举起杯子，御帐内及御帐四周的人们全体九次跪拜。如果说拉手扶腰是蒙古旧有习俗，表示兄弟亲族鼎力扶持，九次跪拜则无疑是臣子对君王的臣服之礼，用以明确汗位至高无上的威严。蒙古“尊属有拜礼”也自此开始。此举开创了西北藩国奉大汗为宗主的先例，也奠定了后来元朝与各汗国宗藩关系的基础。

---

① 《元史》卷 146,《耶律楚材传》。

② 《元史》卷 146,《耶律楚材传》。

依据中原传统，新君即位需恩威并施，严明律法以展现天道不可悖逆，又以大赦表现帝道仁心。耶律楚材也将大赦运用到了窝阔台的即位典礼上。按照蒙古习俗，大汗登基，属国臣下都应亲自或派遣使者朝觐，失期不到者处死。窝阔台即位的环境甚为凶险，妄启杀戮不利于政权稳固，而不处罚失期之人又有悖于传统。两难之际，耶律楚材先劝说大汗即位是喜庆之事，“愿无污白道子”。蒙古人尚白，即不应大开杀戒破坏了吉日。而后又结合中原皇帝登基的传统，建议实行大赦，昭示天下以恩德，言“陛下新即位，宜宥之”，“太宗从之”[①]。

耶律楚材在襄助窝阔台即位一事上的出色表现，让窝阔台大为赞赏。他依靠儒家传统的礼制观念和灵活的政治手段规范了统治阶层内部的尊卑秩序，将中原治政理念用于解决大蒙古国政治纠纷的尝试由此初步见效。而他本人也因此被窝阔台视为“真社稷臣也”。在大蒙古国的权力中枢，耶律楚材从此占据了重要的地位，这为他日后进一步改革大蒙古国的各项制度提供了条件。

二、十路课税，创立保民财政体制

窝阔台即位后不久，耶律楚材就上奏了“便宜十八事”，以求革除朝政中的弊端。十八事主要建议对地方长官的独断专横分权约束，以及对国家赋税、刑罚制度进行维护。主要内容如下：

其一，郡县实行长吏掌民政、万户管军务的制度，以达到分权制衡的效果，防止地方势力膨胀。

其二，中原地区的财赋征收以存恤民力为准则。除非朝廷命令，擅自征发、调派徭役的州县长官将被追责，目的是尽快恢复中原地区的社会秩序。

其三，以严刑重法杜绝偷盗国库仓储的贪污行为。对私取官府财物进行贸易借贷之人追究问责，监守自盗者判以死刑。

---

① 《元史》卷146,《耶律楚材传》。

其四，蒙古、回鹘、河西诸人，凡种田的都应当缴纳赋税，否则死罪。

其五，将生杀予夺的司法大权收归中央，严禁地方政府滥开杀戒。凡犯罪后按律当处死的囚犯，必须上报，由中央审核批准后方可施行。

其六，禁止普通民众或下层官僚向上司“贡献礼物”，以禁绝行贿、索贿的风气。

上述主张有利于中央集权、缓解社会矛盾和增加财政收入，窝阔台基本都采纳颁行，唯独拒绝了“禁止贡献礼物”一事。其缘由在于，按照蒙古惯例，下属部民向贵族贡献礼物是基本义务。虽然耶律楚材争辩此种“贡献”已沦为官员受贿、索贿的借口，但窝阔台不以为然。然而“贡献”与窝阔台对贡献之人的滥赏，毕竟是一种弊习，这给后来耶律楚材改革的停滞和元王朝日后官吏贪赃的恶性发展埋下了祸根。《元史》对此记载说：

> 中原甫定，民多误触禁网，而国法无赦令。楚材议请肆宥，众以云迂，楚材独从容为帝言。诏自庚寅正月朔日前事勿治。且条便宜一十八事颁天下，其略言：“郡宜置长吏牧民，设万户总军，使势均力敌。以遏骄横。中原之地，财用所出，宜存恤其民，州县非奉上命，敢擅行科差者罪之。贸易借贷官物者罪之。蒙古、回鹘、河西诸人，种地不纳税者死。监主自盗官物者死。应犯死罪者，具由申奏待报，然后行刑。贡献礼物，为害非轻，深宜禁断。”帝悉从之，唯贡献一事不允，曰：“彼自愿馈献者，宜听之。”楚材曰：“蠹害之端，必由于此。”帝曰：“凡卿所奏，无不从者，卿不能从朕一事耶？”①

“便宜十八事”推行后，耶律楚材获得了执掌政务的机会。大蒙古国自攻占华北以来，对如何治理汉地一直争论不休。许多蒙古贵族认为汉地农耕是“卑贱”的劳作，以劫掠搜刮为务，并不注重生产维护。甚至有蒙古贵族向窝阔台建议，将征服地区的汉人变为奴隶、将农田改为牧场。[“太祖之世，岁有事西域，未暇经理中原，官吏多聚敛自私，赀至巨万，而官无储偫。近臣别迭等言：‘汉人无补于国，可悉空

---

①《元史》卷 146,《耶律楚材传》。

其人以为牧地。'"] 耶律楚材极力反对这种做法。他深知蒙古汗廷重利，于是建言由自己经营中原地税、商税、酒、盐、铁冶、山泽之利，承诺一年内可得"银五十万两、帛八万匹、粟四十余万石"①。听说不用杀戮便可得到丰饶财货，窝阔台大喜，遂于1229年颁布诏令："命河北汉民以户计，出赋调，耶律楚材主之；西域人以丁计，出赋调，麻合没的滑剌西迷主之。"② 窝阔可汗于是授权给耶律楚材，命他设计抽税的事，自此，华北地区的财赋征收大权由耶律楚材一手掌控。

耶律楚材开始重建赋税征收机构。他借鉴金王朝的转运司制度，于1230年创立了十路征收课税所，常驻于各地，使中央和地方的赋税政令统一且能及时执行。十路分别是：（1）燕京；（2）宣德；（3）西京；（4）太原；（5）平阳；（6）真定；（7）东平；（8）北京；（9）平州；（10）济南。这种课税所，不过是把金朝各路转运司的机构加以恢复。十路征收课税使与副使，直属于大汗，与各地管民政的文官，管军政的万户，鼎立而三，各不相干。③ "凡所掌课税，权贵不得侵之。"④

一项制度要长久推行，政策要在执行过程中不改初衷，必以得人为先。"十路征收课税使，凡长贰悉用士人，如陈时可、赵昉等，皆宽厚长者，极天下之选，参佐皆用省部旧人。"⑤ 耶律楚材为十路征收课税所选拔的长官，或是经验丰富的旧金能臣，或是深得人望的饱学儒士。这支素质高、经验丰富的官吏队伍，让课税制度很快走上了正轨。通过以制度化的方式和高素质的人才保证税收，耶律楚材的措施一定程度上改变了大蒙古国通过征伐获得收入的经济模式，转而依赖于更加稳定的财政收入系统。

治政之道，首在富民富国。国富在于税赋，而得税赋首要在保民生，要保民生，则需规范政令，以德治为先。在耶律楚材的积极争取下，这十路征收课税使同时承

---

① 《元史》卷146，《耶律楚材传》。

② 《元史》卷2，《太宗本纪》。

③ 参见黎东方著：《细说元朝》，上海人民出版社2013年版，第134页。

④ 《元史》卷146，《耶律楚材传》。

⑤ 《元史》卷146，《耶律楚材传》。

担了诸多职责：有“官吏污滥得廉纠之”的廉访纪检职责，有“刑赋舛错得厘正之”的提点刑狱职责，还有“风俗之疵美，盗贼之有无，楮货之低昂，得季奏之”[①]的风闻奏事御史职责。更关键的是，十路长官有独属的人事任命权，这使一些具有真才实学的儒生得以跻身庙堂。在这些能臣干吏的治理下，中原地区混乱颓败的局势得以扭转，受到战争和弊政破坏的社会经济渐渐恢复。

1231年8月，当十路进献的丝绸钱粮如山般堆积在眼前时，窝阔台特别高兴，笑问楚材曰：“汝不去朕左右，而能使国用充足，南国之臣，复有如卿者乎？”耶律楚材的权力由此得到进一步提升。当月，蒙古“立中书省”，改侍从官名，以耶律楚材为中书令，粘合重山和镇海分别为左、右丞相。中书省是协助大汗处理政务的最高行政机构，国家诸事“无巨细，皆先白之”[②]，耶律楚材成为掌控大蒙古国权力运作的核心人物之一。[③]

三、抑制诸侯，加强中央集权

大蒙古国汗廷对于归附之人，大抵以本土出降即守本土，所得州县也归从征世侯管辖。战争期间，大蒙古国在占领区内建官置吏，而“郡县之守令例以归义效顺者就为之”[④]。实行的办法是：第一，凡纳土归降者，即命为当地长官，仿照金朝官制授予官职，如行省、领省、都元帅、副元帅、元帅、招讨使及总管、知州、县令等。后来还按照势力大小和战功，授予万户、千户、百户等蒙古官职。同时依照漠北制度，所授之官允许世袭。第二，降附地区主要是接受以“六事”为中心内容的六项条件：（1）君长亲朝；（2）子弟入质；（3）编民数；（4）出军役；（5）输纳税赋；

---

① ［元］苏天爵撰：《国朝名臣事略》卷13，《廉访使杨文宪公》。

② 《元史》卷146，《耶律楚材传》。

③ 参见向珊著：《解元：他们的元朝》，华文出版社2021年版，第42—43页。

④ ［元］胡祗遹撰：《紫山大全集》卷15。

（6）置达鲁花赤。[①] 只要这些条件能够得到保证，降人即能从蒙古统治者手中取得专治一方的特权。“国家自开创已来，凡纳土及始命之臣，咸令世守。”[②] 中原汉地更是如此，“太祖徇地，河北人能以州县下者，即以为守令，僚属听自置，罪得专杀”[③]，并由此产生了一大批汉人世侯，“藩方侯伯，牙错棋置，各土其地，各分其民，擅赋专杀”，而且手中握有重兵，“多者五七万，少者亦不下二三万”[④]。地方行政建制混乱，难以调度，官名更是混杂，“既取中原定四方，豪杰之来归者，或因其旧而命官，若行省、领省、大元帅、副元帅之属者也；或以上旨命之；或诸王、大臣总兵政者承制以命之，若郡县兵民赋税之事外，诸侯亦得自辟用，盖随事创立，未有定制”[⑤]。窝阔台汗即位后，身为中书省的长官，耶律楚材建议加强中央集权，改变中原地区的汉人武装诸侯自置僚属、罪得专杀的局面。

耶律楚材从剥夺诸侯人事权入手，限制地方武装进一步壮大，规定凡职官印信，地方不可私铸，都要“奏并仰中书省依式铸造”，由是名器始重。此项措施引起了激烈反弹。以石抹咸得不为首的地方权贵对耶律楚材展开攻击，污蔑他大量任用金朝旧官员，且其亲属还在敌国，恐心怀异志，这显然是想置耶律楚材于死地。然而耶律楚材毫不畏惧，坚定推行“惟希一统皇家义，何暇重思晁氏危”的“削藩”政令。

窝阔台虽然察觉到地方豪强对新政的仇视，也将诬陷耶律楚材有异心的东道诸王铁木哥斡赤斤的使者赶出了汗廷，但此时蒙古对金的战争还未结束，仍旧需要中原地方武装为马前卒，且许诺给来降的汉地实力派以实权、名位、封地，是成吉思汗制定的国策，窝阔台不愿改易，因此，耶律楚材在地方推行军、政、财三权分立的主张并未得到有效贯彻。汉地世侯们仍旧如唐之藩镇，专职本道，又如汉之邦国，

---

① 《元史》卷 209，《外夷传二 · 安南》。

② 《元史》卷 126，《廉希宪传》。

③ ［元］姚燧撰：《牧庵集》卷 25，《磁州滏阳高氏坟道碑》。

④ ［元］郝经撰：《陵川文集》卷 37，《上宋主请区处书》。

⑤ ［元］苏天爵编：《国朝文类》卷 40，《经世大典序录 · 官制》。

尽专兵民之权。

不过，耶律楚材的努力，使蒙古汗廷认识到地方武装对中央集权的潜在威胁，此后的汗位继承者们开始防范他们坐大。至忽必烈即位，重建中央集权制度时，世侯的问题已经显得格外突出。忽必烈逐步采取措施，收夺世侯的权力，实行兵民分治，推行迁转法，基本上解决了世侯问题，消除了地方割据的隐患。在这方面，耶律楚材可谓思虑深远，于元朝加强中央集权有肇始之功。

四、编户齐民，开创二元郡县制度

自蒙古攻金以来，中原地区百姓或者死于兵燹，或者转徙外地，“四民无所占其籍”，原有的户籍制度完全散乱了。蒙古诸王、将校乘机掳掠人口作为自己的“驱口”，地方军将也掳掠大量居民作为自己的私属人口。为了增加国家财赋，控制更多的人口，在耶律楚材的建议下，汗廷整顿中原赋役制度，进行检括户口。1233 年，窝阔台派遣阿同葛为宣差勘事官，清查华北地区户口，得七十三万多户。1234 年正月，金王朝灭亡，蒙古尽有淮河以北地区。依据成吉思汗留下的法令，蒙古军队每灭亡一个国家，就要对该国人口进行统计，为分封诸王做准备。1235 年，窝阔台下令让大断事官失吉忽秃忽搜检燕京、顺天等三十六路的户口人数，这一年是乙未年，故此次户口清查也被称为“乙未括户”。此次括户，燕京、顺天等三十六路共得户八十七万三千七百八十一，口四百七十五万四千九百七十五。到次年六月，“复括中州户口，得续户一百一十余万”。

括户中，失吉忽秃忽想用蒙古和西域“一丁一户”的标准，重新划分中原户口，遭到耶律楚材的坚决反对。此举固然会使纳税户口增多，但中原地力有限，百姓身上承担的赋税将无比沉重，实行不满一年，百姓就会四处逃亡。且以户为单位的编户齐民在中原实行了千年，符合中原以家庭为生产单位的经济结构，而家庭伦理中的孝悌之道，也是儒家政治进行道德教化的基础，不宜妄自改易。

到 1236 年，“乙未括户”最终完成。在蒙古贵族看来，广大的中原农耕区，是他们的共同财产，瓜分这笔财产是战后草原贵族的强烈愿望与要求。"乙未括户"后，窝阔台汗便开始丙申分封，将中原民户按地区分给诸王、贵戚、勋臣。这次分封共计七十六万户，约占籍户总数的百分之七十，遍及中原大部分地区。窝阔台根据成吉思汗时确定的分封制度，把这将近百万的户数在蒙古贵族中进行分配。按照规定，被分封的民户和领主之间，是类似奴隶和奴隶主的从属关系。如果按照蒙古习俗裂土而治，则中原以郡县为基础的地方政治结构将名存实亡。耶律楚材数次进言，要求将战争中被俘的百姓从奴隶身份中解放出来，重新成为国家编户。为确保中原州县理民制度不被破坏，几经周折后，耶律楚材将汉地的食邑制和蒙古的兀鲁思分封结合起来，创造出一种新型折中的地方治理制度。此制度下，受封贵族可在领土内设立达鲁花赤（镇守者）管理，但须经过中央政府的批准。封地中原有的地方政府作为实际的管民官得到保留，封君指派的达鲁花赤更像一个代言人，封君不得直接向百姓收取贡献，而是由地方政府从赋税中划拨出相应的"五户丝"来供养，避免了贵族对地方经济的干预和盘剥。

五、制新税法，尽力革除各种弊端

在乙未籍户和丙申分土分民的基础上，耶律楚材主持制定了新税法。

据《元史》卷146《耶律楚材传》记载：

秋七月，忽都虎以民籍至，帝议裂州县赐亲王功臣。楚材曰："裂土分民，易生嫌隙，不如多以金帛与之。"帝曰："已许奈何？"楚材曰："若朝廷置吏，收其贡赋，岁终颁之，使毋擅科征，可也。"帝然其计，遂定天下赋税，每二户出丝一斤，以给国用；五户出丝一斤，以给诸王功臣汤沐之资。地税，中田每亩二升又半，上田三升，下田二升，水田每亩五升；商税，三十分而一；盐价，银一两四十斤。既定常赋，朝议以为太轻，楚材曰："作法于凉，其弊犹贪，后将有以利进者，则今已重矣。"时工匠制造，糜费官物，十私八九，楚材请皆考核之，以为定制。

（1）税粮。除特旨或按规定免除外，所有人户都要负担。分两种：一为丁税（或称丁粮），每丁科粟一石，驱丁五斗，新户丁、驱各半之，老幼不征。一为地税，上田每亩税三升半，中田三升，下田二升，水田五升。丁税少而地税多的纳地税，地税少而丁税多的纳丁税（只纳一种）。工匠、僧、道纳地税，官吏、商贾纳丁税。

（2）科差。由当差民户负担。包括两项：第一是丝料，每二户出丝一斤输予政府；五户出丝一斤输于投下，每户共纳丝十一两二钱，属于政府的民户也按这个税额交纳。第二是银丝杂色。1236年，税制对税粮、五户丝料之外的其他差发，并未规定征收办法，仍旧按旧例所行，一种是“每户每丁以银折纳丝线”，即丁丝；另一种是使臣往来和军马调遣所需粮食器械以及一切公上之用，逐时计其合用之数，科率民户。

民户有贫富的差别，事实上不可能按同一税额征税。又当时兵民未分，被签发去当兵的人，仍负担同样赋税，赋役互重。史天泽奏请以中户充军籍，上、下户为当差民户，其赋税按贫富差等为定额。窝阔台接受他的建议，布告诸路，永为定制。[①]

（3）诸课。商税征三十分之一，盐每银一两四十斤，其他各项仍前。乙未籍户时，有的官员为了邀功多报户口，或“以浮客占籍”，到征税时，多逃亡，官吏只好借贷完纳，然后转摊到其他民户头上。乙未籍户后不几年，因灾荒或交纳不起赋税而逃亡的民户就达到三分之一，但赋税仍按旧籍征收，未逃民户的负担大大加重。后因耶律楚材奏请，才减去三十五万逃户的税额。[②]

耶律楚材实行的税制以及其他改革，目的是维护国家的长治久安，为此必须稍稍限制贵族们无止境的需索，这就触犯了他们的眼前利益，因此改革常常遭到阻挠，

---

① 《元史》卷155,《史天泽传》。

② 参见韩儒林主编:《元朝史》上册，人民出版社1986年版，第224—225页。

其见于实施者十不能二三，但这种改革，还是起到了一定的作用，“先是，州郡长吏，多借贾人银以偿官，息累数倍，曰羊羔儿利，至奴其妻子犹不足偿。楚材奏令本利相侔而止，永为定制，民间所负者，官为代价之。至一衡量，给符印，立钞法，定均输，布递传，明驿券，庶政略备，民稍苏息焉”①。

六、倡导儒学，重视以儒治国

耶律楚材在恢复发展中原文化方面也推行过不少措施。

前文提及，1230年设置十路课税所时，耶律楚材奏请批准的十路课税使，每路正、副使各二员，全部都是儒士，如燕京路课税使陈时可、赵昉，宣德路课税使刘中、刘桓等。这是蒙古最高统治集团大批任用汉人儒士、文臣的开始，使一部分儒士的地位和生活处境得到改善。1232年围攻汴京时，耶律楚材遣人入城求得孔子五十一世孙孔元措，奏封衍圣公，向世人释放出尊孔的信号。在耶律楚材的提议下，在1233年冬与1236年春，窝阔台两次修葺曲阜孔庙。“乙未括户”时，孔庙特权也得到了保护。这些举措大大振奋了儒士之心。名士元好问给耶律楚材写信，请求他珍视中原士大夫，于是耶律楚材在占领汴京后即奏请选出流散在河北的儒士，官为赡养，并订为定例。1236年，耶律楚材奏请在燕京设立编集经史的编修所，在平阳设经籍所，编辑出版经史书籍。此后他又支持杨惟中和姚枢在燕京建立太极书院，请理学家赵复等人为师，教授儒家经典。赵复的讲学，使程朱理学在北方传播开来。通过这些措施，耶律楚材为在蒙古征服下保存和传播传统文化做出了特殊的贡献。特别重要的是，1238年，在耶律楚材的建议下，窝阔台下令举行儒士考试，被称作“戊戌选试”。这对于改善中原儒士的处境、儒户的形成甚至后来的科举都产生了积极的影响。

唐宋以来，科举是选拔官吏的重要手段。但金朝灭亡以后，占有中原的蒙古贵

---

① 《元史》卷146,《耶律楚材传》。

族并没有认识到科举选士的重要性，在战争过程中，大批士人或者死于战乱，或者被掳掠而沦为奴婢，幸免于难的儒士也纷纷逃亡。蒙古统治者看中的是能直接为他们服务的制造器械的工匠、为他们“告天祝寿”的僧、道以及巫卜宗教人士，对儒士的作用并无认识。在成吉思汗时代，只有僧、道、伊斯兰教徒及其他宗教人士被给予免除赋役的特权，儒士既无免除赋役的优待，更无选用做官的机遇。成吉思汗西征时期，河西人常八斤以擅长制作弓箭而受到信任，经常夸口：“国家方用武，耶律儒者何用。”随从西征的耶律楚材当即予以反驳：“治弓尚须用弓匠，为天下者岂可不用治天下匠耶。”[①] 在耶律楚材看来，儒士担负治理国家的重任，是国家所不可缺少的人才。窝阔台即位以后，随着在战场上的胜利，他开始考虑战后建设及治国问题。十路课税所的建立以及任用儒士经理中原财赋所取得的成效，使窝阔台认识到任用儒士的重要性。耶律楚材不断向窝阔台进说周孔之道，劝导接受“天下虽马上得之，不可以马上治”的道理。在他的建议下，窝阔台曾请名儒向皇太子和诸王大臣子孙讲解儒家经义。金朝灭亡以后，中原广大地区都在蒙古统治之下，选拔人才，实行“以儒治国”的方案也提上议事日程。

1237 年，耶律楚材向窝阔台进言：“制器者必用良工，守成者必用儒臣。儒臣之事业，非积数十年，殆未易成也。”[②] 窝阔台接受耶律楚材的建议，当年八月下诏：

> 自来精业儒人，二十年间学问方成。古昔张置学校，官为廪给，养育人才。今来名儒凋丧，文风不振。所据民间应有儒士，都收拾见数。若高业儒人，转相教授，攻习儒业，务要教育人材。其中选儒士，若有种田者，输纳地税；买卖者，出纳商税；开张门面营运者，依行例供出差发。除外，其余差发并行蠲免。此上委令断事官蒙格德依与山西东路征收课程所长官刘中，遍诸路一同监视，仍将论及经义、词赋分为三科，作三日程式，专治一科为一经，或有能兼者（听），但不失文义者为中选。其中选儒人，与各住处达噜噶齐、

① 《元史》卷 146,《耶律楚材传》。

② 《元史》卷 146,《耶律楚材传》。

管民官一同商量公事勾当者。随后照依先降条理开辟举场，精选入仕，续听朝命准此。[①]

在《元史・太宗本纪》中，上面提到的断事官蒙格德依作术虎乃，征收课程所即征收课税所，达噜噶齐即达鲁花赤。次年，窝阔台奏请派断事官术虎乃与宣德（山西东路）课税使刘中二人，到各路主持考试选取儒士。儒生被掳掠为奴的，也令参加考试，主使违令不让参加考试的要处死。这一年为戊戌年（1238年），这次考试一般称作“戊戌选试”。中选的儒士全家得以享受免除赋役的优待，除种田向国家交纳地税外，其他一切科差杂役全免。此外中选者还可以担任本地的议事官，与本地长官同署公事。从这方面来看，这次选试确实带有科举考试的性质。元人常把“戊戌选试”作为元代科举制度的滥觞。刘秉忠在宪宗年间向当时尚为藩王的忽必烈称，“科举之设，已奉合罕皇帝圣旨”[②]。元朝后期许有壬在《秋谷文集序》中提到，元代科举是“倡于草昧，条于至元，议于大德，沮泥百端，而始成于延祐”[③]。

“戊戌选试”中选的儒士中间，有不少杰出的人才。他们有的在窝阔台时代就取得了卓越的成就，有的到后来成为元世祖时代的名臣或杰出人物。如东平杨奂在耶律楚材保荐下，担任河南路课税所长官兼廉访使，政绩斐然。张文谦、赵良弼、砚弥坚、雷膺、董文用均为元世祖时期的杰出人物，他们在文化教育、政治、经济等各个领域都发挥了重要作用。但是“戊戌选试”也有其局限性。按照窝阔台诏书规定，在初试之后再辟举场，但是实际上并没有举行。在“戊戌选试”以后，窝阔台下令通过考试淘汰僧道，实际上对儒士和对僧道的考试一并实行，主持僧道考试的官员如赵仁、田师颜等，都被称作“三教试官”。（中试儒生除授本地议事官、同署地方政事的规定也基本没有实行，对儒户的免除科差杂役的优待后来也经常受到干扰。）

---

① 《庙学典礼》卷1。

② 《元史》卷157,《刘秉忠传》。

③ ［元］许有壬撰:《至正集》卷35,《秋谷文集序》。

但由于这是窝阔台曾批准施行的政策，同时蒙古统治者也逐渐认识到儒士的重要性，因此，后来有人向蒙哥、忽必烈等提出时，他们一再重新落实。忽必烈统一江南以后，优待儒士的政策也推行到原南宋统治地区。[①]

---

① 参见齐涛主编，张金铣、赵文坦、齐涛著：《中国政治通史》第七卷《恢宏与草昧的元朝政治》，泰山出版社 2003 年版，第 157—160 页。

第三章　忽必烈建元与大一统秩序的重建

从成吉思汗到蒙哥，大蒙古国的前四汗统治的重心都在蒙古草原，对中原汉地的经营并不特别重视。前四汗时期的政治，带有浓郁的草原游牧政权气息。虽然窝阔台时期，在耶律楚材的努力下，以汉法治汉地的理念和措施曾短暂复兴，但随着耶律楚材的失意离世，这些举措并未得到全面贯彻实施。窝阔台之后的贵由汗继承汗位仅三年便病逝，而拖雷之子蒙哥登上大汗之位后，则热衷开疆拓土，征服四方，酷信巫觋卜筮之术，“遵祖宗之法，不蹈袭他国所为”。可见，前四汗时期的大蒙古国政权，虽然疆域万里，领土广袤，但政治制度尚欠缺多元性，且未完成统一中国的事业。直到忽必烈登上汗位，这一切才发生翻天覆地的变化。忽必烈灭亡南宋，统一中国，建元定制，治国理政以多元并存、兼容实用为宗旨，使制度和法度都成为范式、步入正轨，成功地完成了大蒙古国向元朝的转型，使多民族国家进入了一个新的发展阶段。

一、改元迁都，完成国家统一事业

1260年农历三月初一日，忽必烈在开平举行忽里勒台大会。出席会议的有以莫哥亲王为首的诸弟，以塔察儿、也松哥为首的东道诸王，以阿必失哈、合丹、合必赤、蒙哥都为首的西道诸王共四十余人，还有以霸都鲁、兀良合台、失吉忽秃忽为首的蒙古大将，以按陈为首的几位驸马，刘秉忠、姚枢、郝经、王文统、廉希宪等各族谋臣，史天泽、张柔、张弘范、董氏兄弟、李璮等汉军十大万户，以及吐蕃和大理的代表等。会议共进行了二十四天，会议活动以选举新大汗为中心而展开。

经过争论与妥协，三月二十四日，诸王贵族一致同意拥立忽必烈为大蒙古国大汗，并隆重地举行了即位仪式。诸王及文武众臣解下腰带，搭在脖子上，向忽必烈行九拜之礼。

忽必烈一上台就依照中原封建王朝的传统，“以即位诏天下”，不再自称“大汗”，而改称皇帝。其即位诏书开宗明义，一开头就指责蒙古的祖先“武功迭兴，文治多缺”，“尊贤使能之道未得其人”，表示“祖述变通，正在今日。务施实德，不尚虚文”，要“建极体元，与民更始”[①]，从而宣布了新政权的施政方针，明确提出要改变前几代大汗只重视武力征服，不重视文治建设等政策的弊端，表示既要继承前人开创的事业，又要及时进行变通更化，不崇尚虚文，给天下臣民实际的恩德，努力建立一个大一统的强大王朝，与天下万民一起进入一个改革创新的新时代。

几个月之后，忽必烈又建元中统，改变了大蒙古国不建立年号的传统，其中说：“稽列圣之洪规，讲前代之定制。建元表岁，示人君万世之传。纪时书王，见天下一

---

① 《元史》卷4，《世祖本纪一》。

家之义。法《春秋》之正始，体大《易》之乾元。炳焕皇猷，权舆治道。”[①] 这表明他继承了中华民族的正统，决心推行中国固有的治国之道。十一年之后，即1271年，忽必烈又正式建国号为“大元”，“盖取《易经》乾元之义”。自成吉思汗建国以来，大蒙古国以族名为国名。忽必烈根据汉族的古文献《易经》，改国号为“大元”，“元”即事物的开始，又有最大之意，这表明他所统治的国家，已经不再是蒙古一个民族的国家，而是中华民族多民族的统一国家。

在都城选择问题上，大蒙古国的国都本在漠北和林，但和林远离忽必烈的漠南根据地，且受蒙古旧贵族势力的包围。因此，忽必烈没有以和林为都城的打算。1263年，忽必烈将他的幕府所在地开平定为上都。鉴于上都地理位置偏僻，经济文化较之中原腹地也称不上繁华，于是在至元元年（1264年），忽必烈改燕京（今北京）为中都，命刘秉忠规划其建制，1272年又易其名为大都，定为全国首都。元朝的政权中心自此正式设立在大都。忽必烈以大都为中心，事实上表明他将以汉地为中心进行王朝的经营与治理。

忽必烈即位后，继续完成多民族国家的统一事业。灭亡南宋，入主中原，是忽必烈的既定方针。忽必烈进行的灭宋战争，即“元宋之战”，已经不同于以往边疆少数民族发动的对中原王朝以掳掠为主要目的的战争，其战争的目的是取代中原王朝、实现“天下一家”。1279年，元灭南宋，结束了自唐中后期藩镇割据以来分裂了近四百年的历史，中国再次实现了空前的统一。

正是由于忽必烈的统一和治理国家的举措，中国历史上有了元朝，中国古代史上出现了第四次大统一。元朝继隋唐之后，相继将一些周边地区正式纳入中国版图，实施有效的行政管理，其疆域远远超过隋唐，台湾、云南、吐蕃先后成为中国不可分割的一部分。不仅如此，元朝的统一，还加强了国内各民族之间的联系，加强了各民族间的经济文化交流与发展，并大大促进了中外经济文化交流的

① 《元史》卷4，《世祖本纪一》。

步伐。[①]

二、建章立制，巩固与完善皇权

1. 建元表岁，示人君万世之传

蒙古人最早以草青为岁，故而人们之间询问年龄不是问“您几岁了”，而是问“几草矣”。大蒙古国建立后，也只是以中原的天干地支纪年，《蒙古秘史》中则将“午”年写为“马儿年”，“戌”年写为“狗儿年”，“未”年写为“羊儿年”，“亥”年写为“猪儿年”。建元表岁是中原汉族王朝的传统，起源于汉朝。汉文帝时称为“前元”“后元”，汉景帝时称为“前元”“中元”“后元”，到汉武帝时才正式建立年号，第一个年号即“建元”，此后为“元光”“元鼎”“元狩”等。从此形成传统，每个皇帝即位都要建立一个新年号，古人称为建元表岁，表明新的国君已经即位以及新的纪元开始。在采用西历之前，这是历代王朝纪年的方法。

1260 年农历五月一日，刘秉忠和王文统建议采用汉族王朝的传统，也实行建元表岁的纪年方法，议定年号为“中统”，忽必烈采纳了“建元表岁”的建议，并为此发布诏书。大致内容：（1）“祖宗以神武定四方”，“朝廷草创，未遑润色之文”，因此未能建立年号；（2）从其开始，要将“稽列圣之洪规，讲前代之定制”，即继承中华民族历朝历代的传统和制度；（3）“建元表岁，示人君万世之传”，表明他决心推行中国固有的治国之道；（4）“纪时书王，见天下一家之义”[②]，表明他代表天意，建立天下一统秩序，是继承正统。他们从儒家经典《春秋》与《易经》中选取“中统”一词作为年号，所谓“中统”就是“中华正统”。忽必烈以“中统”为年号，目的正是表明他的王朝才是中国的正统王朝，其他如南宋等政权都是伪政权，这实际上是为南下灭宋、统一全国做舆论准备。

---

① 参见朱耀廷著：《蒙元帝国》，人民出版社 2010 年版，第 155、157、158 页。

② 《元史》卷 4，《世祖本纪一》。

1264 年 8 月，为庆祝战胜阿里不哥，忽必烈把中统五年改为至元元年，并且大赦天下。在改元诏中，忽必烈向世人宣示了元朝政权的合法性：一是“应天”“拯民”，符合天意民心，故而才能“获承庆基”；二是获得“祖宗之垂裕”和宗族“同气”的支持。同时宣布阿里不哥之乱已经平定，“照依太祖皇帝札撒正典刑讫”和“溥施在宥之仁”的原则，只将少数“构祸我家”[①] 的人予以正法，宣告了平叛战争的胜利和对政敌的宽仁大量。而此次改元则是因为“否往泰来”“鼎新革故”。改元诏标志着元朝的历史进入了一个新的发展阶段。

2. 立朝仪，辨上下而示等威

为了继承和贯彻中原政权的朝廷礼仪制度，至元六年十月，忽必烈命刘秉忠、许衡等人制定朝仪，根据古代的典籍，参照当代的制度（“杂就金制”），沿情定制，百日而成。规定朝仪制定完成后，皇帝即位、元旦朝贺、天寿节以及诸王、外国使者来朝，册立皇后、皇太子，群臣上尊号，进太皇太后、皇太后册宝，还有郊庙礼成、群臣朝贺等场合，都要严格执行。而大飨宗亲、赐宴大臣，还可以使用本民族的礼俗。

在此之前，大蒙古国朝会的燕飨之礼，多按蒙古族比较原始的习俗办理。因此遇到重大节日和活动，大小官吏在大汗的帐殿前面随意走动，人声鼎沸，杂乱无章，有失大雅。朝仪制定完毕后，忽必烈命令丞相安童、大司农孛罗选择蒙古宿卫士兵二百余人进行演练。至元七年（1270 年）二月丙子，忽必烈和皇后来到行宫，观看了刘秉忠等人所制定的朝仪，十分满意，赐以美酒犒赏。至元八年（1271 年）二月，设立侍仪司，专门掌管朝仪。配备了左、右侍仪，侍仪司事，左、右侍仪使，左、右直侍仪事，左、右侍仪副使，佥左、右侍仪事，承奉班都知，引进副使，侍仪署令等，建立了一套严密的管理机构。

汉初，叔孙通帮助汉高祖刘邦制定朝仪，纠正了刘邦集团的草莽作风，建立了正常的封建秩序，使刘邦体会到了做皇帝的权威。刘秉忠、许衡等帮助忽必烈制定

① 《元史》卷 5，《世祖本纪二》。

朝仪，扭转了蒙古族政权军事民主制的作风，确立了历代汉族政权的封建礼制，使忽必烈深切地体会到“尊严宸极，辨上下而示等威”的至高无上的地位。①

三、内立都省，加强中央集权

在中央政权制度建设方面，忽必烈基本上是围绕中书省处理政务、枢密院掌管军事、御史台负责监察来明确行政职责的。

元朝国家政治制度在元世祖忽必烈时基本上确定下来，忽必烈根据汉族谋臣的建议，采用了唐、宋以来中央集权的政治制度，并参照辽、金旧制，在原来的基础上有所改进。元朝中央的统治机构“其总政务者曰中书省，秉兵柄者曰枢密院，司黜陟者曰御史台”。另有管理全国佛教和吐蕃事务的宣政院与之平行，同为全国最高行政管理机构。

1. 设立最高行政管理机构中书省

大蒙古国的最高行政长官是札鲁忽赤（即断事官），负责审断刑狱与民户分配，后来，掌管文书、印章的必阇赤长的权力逐渐增大，成为仅次于札鲁忽赤的中枢要员。

窝阔台时期设立过中书省，以耶律楚材担任中书令，粘合重山担任左丞相，镇海为右丞相。但名副其实的中书省是在忽必烈时期设立的。

忽必烈登上大汗之位后，“内立都省，以总宏纲”②。中统元年（1260年）四月一日设立中书省，取代札鲁忽赤和必阇赤长，执掌政务。新置的中书省不同于窝阔台时期由大汗侍从机构改称的中书省，它是在汉制基础上建立的行政中枢机构。中书令由皇太子兼任，实际负责事务的是左、右丞相、平章政事和左、右丞。中书省为全国最高行政机构，下设吏、户、礼、兵、刑、工六部，分掌各项政务，总领百官。

---

① 参见朱耀廷著：《蒙元帝国》，人民出版社2010年版，第177—179页。

② 《元史》卷4，《世祖本纪一》。

其职责大致包括议论朝政，协助皇帝决策，发布政令；监督六部及地方行政机构执行朝廷政令；亲自处理相关政务等。

从中统年间到至元初年，除中书省外，忽必烈还曾设制国用使司、尚书省（1270年立）专管财赋，其职责相当于宋代的三司，其实权则大大过之。由于内部矛盾加剧，尚书省曾经三设三废，至元武宗时并入中书省。

中统年间的中书省实际上由藩邸旧臣控制，由于当时忽必烈正在实行汉法，故而汉族的官员占据半数以上。

2. 设立最高监察机构御史台

监察机构在中国历史上起源很早，是伴随着中央集权制度的需要而出现的。自秦始皇统一中国之后，历代王朝均设御史台"为天子耳目，凡政事得失，民间疾苦，皆得言。百官奸邪贪秽不职者，即纠劾之"[①]。但忽必烈即位后并没有在设立中书省的同时立即设立御史台，而是九年之后，在至元五年（1268年）七月才根据汉人张雄飞、西夏儒生高智耀的建议，仿效前代在中央设立了御史台。其职责仍然是负责"纠察百官善恶"，谏言"政治得失"。其长官为御史大夫，下设御史中丞两员。

御史台由台院、殿中司、察院三部分构成。台院设大夫、中丞、侍御史若干人，作为御史台的中枢；殿中司设殿中侍御史两员，专门纠察朝议和监督大臣奏事；察院设置监察御史三十二员，掌管纠察百官善恶和谏言政治得失，"司耳目之寄，任刺举之事"。

御史台的长官由蒙古人担任，贯彻非蒙古"国姓"不授的原则，且以蒙古勋旧贵胄为主，后来参用的汉人多以藩邸旧臣为主。监察御史起初均为汉人，至元十九年（1282年）十月后，改为蒙古人、汉人各十六人。

御史台对忽必烈的统治起到了重大作用，忽必烈曾将中书省、枢密院比喻为自己的左右手，而御史台的职责则是替他"医两手"。他认识到监察机构的作用好比医

① 《元史》卷163，《张雄飞传》。

生一样，要及时发现病情，予以治疗，这样才能保证行政与军事这两只手的正常运转。正是由于忽必烈体会到了设立御史台的重要作用，所以他才将自己的亲臣与近臣放在御史台的关键岗位上，并始终信任这些御史台大臣，甚至当权臣阿合马、桑哥等人与御史台大臣发生冲突时，忽必烈也总是站在御史台大臣一边，这无疑有利于忽必烈的统治。

3. 设立秉兵柄的枢密院

元朝掌管全国军政的最高机构是枢密院。

自成吉思汗建国以来，一直没有专门设置总领全国军政的管理机构，蒙古的军队由大汗和宗王各自统领，由怯薛协助处理。在和阿里不哥争夺汗位与平定李璮叛乱的过程中，忽必烈深感军事指挥的不便，因此平叛后于中统四年（1263 年）五月沿宋、金旧制，设枢密院，负责全国军务。

忽必烈曾令皇子燕王真金担任枢密院的长官枢密使，后来规定由皇太子担任这一重要职位。

枢密院的设立，就是要建立一套从中央到地方的稳定的军事指挥系统。按照忽必烈的规定，全国军队均由枢密院节制，“凡宫禁宿卫、边庭军翼、征讨戍守、简阅差遣、举功转官、节制调度，无不由之”①；“凡蒙古、汉军并听枢密节制。统军司、都元帅府，除遇边面紧急事务就便调度外，其军情一切大小公事，并须申覆。合设奥鲁官，并从枢密院设置”②。枢密院的具体职能，大致有以下几项。

（1）筹划军事部署。建立全国军事镇戍体系，布置和调整各地戍军，设置各级军事机构，制定作战计划和调集军队出征作战，是枢密院议决军政的主要内容。

（2）管理军队。自元军分为宿卫和镇戍两大系统之后，宿卫组织中的侍卫亲军各卫和掌管探马赤军的蒙古军都万户府，由枢密院直接管领；其他镇戍军队各有军府所掌，均由枢密院节制和调动。全国军籍归枢密院掌管，枢密院隔一定时间就要

---

① 《元史》卷 86，《百官志二》。

② 《元史》卷 98，《兵志一・兵制》。

派出官员到各地查阅军籍，检视各军。枢密院还负责伤病贫乏军人的治疗抚恤，制定法令约束军队，等等。

（3）铨选武官。枢密院有一套独立的任官系统，不需经过中书省和吏部。全国军官的选任、升迁、袭职、俸禄、赏罚等，都由枢密院负责制定有关规定和具体实施办法。

（4）军队的后勤保障。枢密院负责措置军队屯田和制造、管理、调用武器装备，为边防戍军提供粮饷、军装等。军队的通信、马政等事务，由中书省兵部负责，不归枢密院掌管。

枢密院初建时，只设枢密使、枢密副使、佥书枢密院事等职务。枢密使由忽必烈第二子燕王、中书令真金兼任，枢密使只是名义上的最高长官，并不实际参决军务。枢密副使定员为两人，一个是蒙古人，一个是汉人，以蒙古人为首，实际主掌枢密院的工作。佥书枢密院事一人，由汉人充任。至元七年（1270 年），在副使上增设同知枢密院事一员，由蒙古贵族充任。在佥书枢密院事之下，增设院判一员，由汉人充任。此外，忽必烈还特别在至元元年（1264 年）八月命令汉人谋士刘秉忠“同议枢密院事”。由于枢密院初建时主要是处理汉军军务，所以院官中总有一两位熟悉汉军军情的汉人官员。枢密院还曾设有断事官一职，至元元年（1264 年）十二月罢去，至元八年（1271 年）正月复设，专门掌管军队内部的刑狱事务。[①]

枢密院的设置标志着元朝军事制度已经趋于完善，它确立了从中央到地方的军事指挥系统，即枢密院—统军司（或曰元帅府、行枢密院）—万户、千户，从而能够有效地管辖蒙古诸千户、汉地诸万户及侍卫亲军等各类军队。它是对蒙古原有的军政不分的旧制度的重大变革，有力地加强了中央集权。

4. 新建一批侍卫亲军

除沿用与调整怯薛军外，忽必烈还专门建立了一支保卫中央的侍卫军，最初名

---

① 参见陈高华、史卫民著：《元代政治制度史》，中国社会科学出版社 2020 年版，第 160—161 页。

为武卫军。中统元年（1260年），忽必烈仿照金朝禁军制度设立武卫军，士兵来源于汉地的世侯，人数达三万。至元元年（1264年）十月，忽必烈将武卫军改编为左右翼侍卫亲军，设立都指挥使统领。征兵的范围扩大到辽东、辽西女真及高丽、契丹等族，人数也超过四万。至元八年（1271年）七月，忽必烈把左、右翼侍卫亲军扩大为左、右、中三卫，士兵的来源又增加了蒙古人、阿速人、钦察人和南宋的降军。至元十六年（1279年）后，全国统一，忽必烈把侍卫亲军改组成为两大集团：一是以汉人、南人为主的五卫侍卫亲军，即所谓前卫、后卫、中卫、右卫、左卫。其性质与历代三朝的中央禁军类似，五卫军新增加的两万人主要是南方的新附军；二是由蒙古卫和从西域来的各族人组建的侍卫亲军，其中有唐兀卫、钦察卫、康居卫、斡罗斯卫、阿速卫等。蒙古卫始设于至元十七年（1280年）八月；唐兀卫，又称河西军，由原来的西夏遗民组成；钦察卫始设于至元二十三年（1286年），是依照唐兀卫的例子设置的。

侍卫军的总人数达到八万，共有十二卫（后增至三十余卫）。兵员的构成、番值、管理、职能等方面与怯薛军大为不同，和中原王朝的禁卫军十分相似：其管理制度是蒙古、金朝制度合二为一，长官仿照金朝体制设立都指挥使和副都指挥使，其下设立千户、百户、十户，其上隶属于枢密院。[①]

中书省、枢密院、御史台的成立，标志着忽必烈以汉法建章立制的举措已经趋于完备。

四、外设总司，改革地方政治制度

元朝疆域辽阔，情况复杂，如何有效地控制与管理好地方，是忽必烈必须重视的问题。起初，他通过“外设总司，以平庶政”[②]，即建立十路宣抚司和宣慰司稳定各

① 参见朱耀廷著：《蒙元帝国》，人民出版社2010年版，第185—186页。

②《元史》卷4，《世祖本纪一》。

地的社会秩序，后来他又总结魏晋以来的行台制度，尤其是金朝后期实行的行尚书省制度，把它们与蒙古大汗的驻外大断事官之制结合起来，创建了行省制度。

1. 外设总司，以平庶政

“外设总司”具体就是指建立十路宣抚司和宣慰司。忽必烈即位后的中统和至元初年，忽必烈设立总司，其原因是当时对汉地管理比较混乱，汉族世侯割据一方，对中央政权构成了威胁。

中统元年（1260 年）五月，忽必烈接受了刘秉忠和王文统的建议，设立十路宣抚司，“尽出藩府旧臣，立十道宣抚使”，宣抚司直接对朝廷负责。

中书省和燕京行省曾经颁布过宣抚司的“条画”，规定了十路宣抚司的主要职责：验实本管内现住人户，从实征收科差；其中管民官“户口增、差发办方为称职”；设信牌于各路管府，用于催办各种公事；提领各路急递铺；有紧急公务赴省部面议；努力劝农桑、抑游惰、礼高年、问疾苦、举茂才、审刑狱；签发兵卒；运输军需物资；监督征税和考核州县官吏，等等。其中的签发兵卒、运输军需物资是为征讨阿里不哥战事服务的。宣抚司的其他几项职责和金朝的提刑使兼宣抚使很相似，包括“严保举以取人才”“给俸禄以养廉能”“易世官而迁都邑”“正刑罚而勿屡废”等。

忽必烈设立十路宣抚司一年多，取得了很大的成绩，但在李璮叛乱迹象越来越明显的情况下，为了集中力量战胜阿里不哥，中统二年（1261 年）十一月，忽必烈撤销了十路宣抚司，用来缓和与汉地世侯的关系。中统三年（1262 年）二月，阿里不哥战败已经成为定局，李璮公开叛乱，忽必烈决心对世侯的权力再次加以限制，于是从二月开始至十二月，又强续设立十路宣慰司，代替宣抚司，其职责与宣抚司大抵相同。至元元年（1264 年），汉地世侯问题基本得到解决，十路宣慰司完成了它的使命之后被废除。此后元朝全面实行了行省制度，只在边疆地区部分保留宣抚司、宣慰司，其职责与以前相比已经有所变化。

2. 设立行中书省，改革地方行政制度

元朝的地方行政机构可以说是对金制的继承和改造。金朝尚书省臣去地方直接统领军政，称“行尚书省事”。元朝建立后，忽必烈派中书省臣去地方执政，称为行中书省事。这时大多数行省是朝廷的临时派出机构。至元末年，行省逐渐成为地方一级的常设机构，于是“行中书省”就变成固定的官府名称及地方行政区划的名称，简称行省或省。大都周围的山东、河北及山西由中书省直辖，称为“腹里”，其他地区被划分为十个行省，即河南江北等处行中书省，江浙等处行中书省，江西等处行中书省，湖广等处行中书省，陕西等处行中书省，四川等处行中书省，辽阳等处行中书省，甘肃等处行中书省，岭北等处行中书省，云南等处行中书省。

元代的行省军民同摄，职责很重。

行政方面。行省对上接受中书省的政令，对下则对所属路府州县进行有效的节制和统属。

财政方面。“腹里”以外的行省要努力完成朝廷交办的“钱粮、兵甲、屯种、漕运”等各项任务，并要在本省内劝课农桑，发展商贸事业。

军事方面。作为行省最高长官的丞相或平章政事，战时“得佩虎符”，可以统军作战。镇戍中原或漠北的蒙古军队和探马赤军直属于枢密院，镇戍于淮河以南的汉军万户及新附军等，则由行省管辖。行省与军队的关系，只是限于日常的管理，没有中央政府的命令，行省无权调动军队。

至元二十八年（1291 年）前后，忽必烈为了防止行省权力膨胀，制定了一套比较严格的政策，把行省的权力规范在“大而不专”的范围内。一是行省内部实行集体负责制，防止行省长官一人说了算。二是宣慰司、路府州县、汉军万户府等要接受朝廷的选任、考课，没有私人从属关系。三是行省官员要接受行御史台、廉访司的监督。四是依赖“山川形便”，使行省失去据险而成割据之势的可能。[①]

行省制度是对秦汉以来郡县制的发展，是中国政治制度史上的一项重大改革。它奠定了明清以来，直到当今省区的规模，对于中国统一的多民族国家的巩固和发展，具有十分重要的意义。

---

① 参见朱耀廷著：《蒙元帝国》，人民出版社 2010 年版，第 181—183 页。

五、农桑为本，发展经济与规范财经

大蒙古国的前四汗，几乎都重游牧，不甚重视农业生产的恢复和发展。忽必烈即位后，通晓“农桑，王政之本”的道理，决心实行国策转移，明确提出“衣食以农桑为本”[①]，表明整个国家的经济重心全面开始向农业生产转移。

中统二年（1261年），忽必烈设立劝农司，任命劝农使前往地方诸路，督促地方官抓紧农业生产。至元七年（1270年），中央成立大司农司，忽必烈让潜邸心腹张文谦担任司农卿，专掌全国农桑水利的兴办。元朝统治者将地方长官兴办农事的力度和效果纳入政绩考核，优异者褒奖升迁，懒惰者批评降职。

忽必烈不仅在制度设计上体现出对劝农的重视，在技术和地方组织层面，他也都出台了相应的鼓励政策。为了指导农业生产，司农司采集古今农书中的先进生产方式与农业种植精要，汇编为《农桑辑要》一书，颁行天下。至元七年，元朝在北方乡村施行立社制度，凡五十户为一社，选择年长稳重、通晓农事的耆老为社长，教习农事。《元史·食货志一》载：

> 中统元年，命各路宣抚司择通晓农事者，充随处劝农官。二年，立劝农司，以陈邃、崔斌等八人为使。至元七年，立司农司，以左丞张文谦为卿。司农司之设，专掌农桑水利。仍分布劝农官及知水利者，巡行郡邑，察举勤惰。所在牧民长官提点农事，岁终第其成否，转申司农司及户部，秩满之日，注于解由，户部照之，以为殿最。又命提刑按察司加体察焉。其法可谓至矣。

对大蒙古国遗留的一些有损农事的政令，忽必烈也予以取缔，如他禁止蒙古诸王和军队随意侵占农田为牧场，鼓励移居汉地的蒙古人从事农业生产，对军士及权势之家放纵牲畜损坏田禾桑枣的，不仅要求赔偿，还要依法惩处。

---

① 《元史》卷93，《食货志一》。

在这些鼓励农业的政策支持下，百姓积极垦荒种植，恢复生产，北方逐渐安定下来。元朝鼓励垦荒，规定开荒种粮的熟田，五年内不“验地科差”。官吏重视，百姓用心，不数年，野无旷土，栽植之利遍天下，农桑之政，初见成效。

在锐意农业生产恢复、发展的同时，忽必烈起用了善于理财的汉人王文统为中书省首任平章政事，经理国家财政。

王文统理财，一改前四汗时期滥征乱收之弊，对汉地的户口进行整顿和分类，同时对归属于国家的编户和分封诸王的投下私属人口进行区分，又按照不同户口类型的财力多寡，额定不同等级的赋税差役。这些措施，在一定程度上缓解了此前横征暴敛的乱象。在此基础上，王文统将此前五户丝直接交给领主的贡献，转变为先交给国家，再由国家重新分配。这样一来，贵族领主对百姓的影响大大减弱，无法像以前一样肆意索取，生产环境得到保障。皇帝也掌握了贵族的生存命脉，政治威权得以提升。

食盐榷卖是王文统制定的充实国用的主要方针。1261 年，朝廷颁布了禁止贩卖私盐的法令。各地盐司掌管食盐的生产和贩卖，商人出钱购买盐引，以获得食盐买卖的资格。食盐专卖的利润成为忽必烈政权财赋收入的重要来源。

与此同时，王文统还主持发行了中统钞。早在窝阔台灭金之后，各地就已行用纸钞，但由于没有一种统一的钞币，流通中存在诸多不便和混乱。

中统元年（1260 年），中统元宝交钞在全国发行，有十文、二十文、三十文、五十文、一百文、二百文、三百文、五百文、一贯、二贯等十种面值。中统钞采用银本位制，以官银作为纸钞发行数量的钞本，钞一贯相当于白银一两。元朝政府允许百姓自由兑换银钞，规定中统钞可用于缴纳各种赋税。中统钞价值平稳，流通便利，促进了商贸繁荣，方便了百姓生活，改善了国家的财政收支不平衡。

总体而言，王文统的理财是成功的。中统二年（1261 年）五月，忽必烈见到运往上都的帑藏之后，无比欣喜。就连与王文统在政见上有分歧的姚枢也承认：“中统至今五六年间，外侮内叛继继不绝，然能使官离债负，民安赋役，府库粗实，仓廪粗完，钞法粗行，国用粗足，官吏迁转，政事更新。”[①] 忽必烈能取得这些成就，王文统功不可没，然而李璮之乱爆发后，王文统被株连，不久身死。不过，不因人废政是元朝政治的一大特色。忽必烈处死了王文统，但对王文统留下的财政制度依旧赞同。王文统之后的理财大臣，也多是在此基础上损益更新，以满足皇帝的财赋需求，即便是后来专权二十年的理财名臣阿合马也并不例外。[②]

在赋税制度的建设上，忽必烈也颇有成就。根据南北之间经济发展的差异，忽必烈施行了“南北异制”的政策。总体来说，就是“江淮之北，赋役求诸户口”，即江淮以北地区赋役的征收以户口为主要衡量标准，而江南“则取诸土田”，主要以田亩数为计税标准。赋税由税粮和科差两大类组成。

北方税粮，既有丁税，又有地税，但总体以丁税为主。丁税税额因户类不同而各有差别，百姓通过缴纳粮食作物粟完税。至于地税，则为每亩纳粟三升。江南依旧延续南宋的夏、秋两税法。夏税纳实物或中统钞，秋税输稻米。无论是哪种税，都以土地的肥沃贫瘠为收税标准。

科差也呈现出南北异制的特点。北方科差主要有丝料和包银两项。丝料即生丝，也包括一些染料，上缴后供官府及受封的诸王、贵族享用，通常由民户承担。其中又分“系官户”和“系官五户丝户”，前者的丝料全部上缴国家，后者是每两户给官府缴一斤，称为“二户丝”，再每五户给投下封君缴一斤，称为“五户丝”。包银也主要由民户承担，全科户每户四两，最初是缴白银，蒙哥汗时期部分改征丝绢，到世祖朝全部改为缴纳中统钞。而江南的科差主要是户钞，相当于中原的五户丝，也是贡献给新分封的投下封君的。最初是每户纳中统钞五百文，成宗时增至二贯，但增加的户钞并不另行征收，而是由官府直接在税粮里扣支。

可见，在赋税制度上，元朝充分继承了唐宋以来成熟完备的两税法，从而保证了国家的赋税所得。同时，对于窝阔台时期为满足分封贵族需求的“五户丝”制度，

---

① 《元史》卷 158，《姚枢传》。

② 参见向珊著：《解元：他们的元朝》，华文出版社 2021 年版，第 71—72 页。

忽必烈也有所损益。攻灭南宋后，对于有功之臣和贵族，忽必烈也在江南分封了投下食邑。不过，忽必烈的分封，规定受封者只享有食邑的额定经济贡献，不得参与其他事务，新征服的江南区域也无须额外缴纳实物丝料，而改由朝廷统一颁发户钞。忽必烈的举措，既符合黄金家族共享天下的旧制，满足了贵族阶层分享财富的渴求，又保证了江南经济不因分封而受到太大的冲击，同时还避免了受封者权力独专、为害百姓现象的蔓延。

总体而言，忽必烈一统天下后推行的诸项政策，都比较注重保护中原及江南的经济发展。与此同时，忽必烈对海外贸易带有明显的鼓励倾向，对于市舶司的管理，忽必烈极为重视。元朝参照南宋旧制，先后设立泉州、温州等市舶司，招集舶商赴海外交易珠宝、香料等物，回国后依例抽税。随着贸易的发展，税制也逐渐细化，从最初出口土货和进口商品同样抽两份税，变为对贩卖国内土货的商人征单份税，这实际上是鼓励商人将元朝的土货贩卖到海外去，发展对外贸易。①

随着国家的统一、社会的稳定有序，民间贸易也兴旺起来。一个在中国历史上规模空前的国内市场逐渐形成。货币的统一、驿站的开通、运河的修凿、海运的成熟，都极大地繁荣了商业经济。元朝政府继承了南宋对外贸易的成熟运作经验，并不断规范市舶管理制度，积极开拓海外商贸路线。政府的支持，加之丰厚利润的刺激，使元朝的海外贸易远比唐宋兴盛。

六、倡导儒学，设国子监养育人才

早在潜藩时期，忽必烈就已经深受儒学的影响。1252 年，忽必烈接受了儒臣奉献的“儒教大宗师”的称号。1255 年，他任命宿儒许衡为京兆提学，广设学校。即位以后，他任用儒臣。中统初年，以前金状元王鹗为翰林学士承旨，起草有关诏令，随后建立了由王鹗主持的翰林国史院。1261 年五月，授姚枢为大司农，许衡为国子

---

① 参见向珊著：《解元：他们的元朝》，华文出版社 2021 年版，第 85、86 页。

祭酒，窦默为侍讲学士。许衡与执政的王文统不和，离京到怀孟一带教授生徒。1267年4月，忽必烈在上都建孔子庙，十月再次任命许衡为国子祭酒。1269年4月，诏令各路长官僚属建制学校，焚香膜拜孔子庙。十一月，设提举学校及教授官。1270年，忽必烈又下令侍臣子弟十一人入学学习，其中年龄较大的四人跟随许衡学习，童子七人跟随王恂学习。许衡对于经传、子史、礼乐、名物、星历、兵刑、食货、水利等无不涉猎，在此之前即已开始教诲蒙古弟子。王恂曾任太子赞善，辅助太子（裕宗）颇有成绩，许衡告老后以王恂为国子祭酒。1287年，忽必烈于大都创设国子学，设博士及助教担任教学，但助教必须分别住进学生宿舍，博士亲自讲授经旨、是正音训。学正、学录在帮助学生学习外，还负有“申明规矩、督习课业”的任务。课程、教材及教学实施计划都有明确规定。从课程与教材来看，忽必烈显然是接受了宋代理学教育的传统，把《孝经》《小学》《论语》《孟子》《大学》《中庸》摆在学习的首位，其次学习《诗》《书》《礼记》《周礼》《春秋》《易》等。博士、助教亲自教授，学正、学录、伴读则按次序传习。学生作业有对属、诗章、经解、史评，由博士出题，生员具稿，先呈助教，俟博士既定，始录附课簿，以凭考校。[①] 在忽必烈的支持下，各地学校也得到恢复并有所发展，这有利于中原传统文化的保存和对儒士的培养。

七、创“八思巴文”，确立元朝国师制度

忽必烈即位之前，蒙古通行由塔塔统阿所创行的畏吾儿蒙古文，而对其他民族则分别使用这些民族的文字，如汉文、契丹文、女真文、畏吾儿文以及波斯文等。这种情况不利于忽必烈的统治。

忽必烈即位后，祖述变通，参用汉法，建立各项制度，鉴于“今文治寖兴，而

---

① 参见郑师渠总主编，任崇岳主编：《中国文化通史》（六）辽西夏金元卷，中共中央党校出版社2000年版，第277页。

字书有阙，于一代制度，实为未备"，于是他深感创制新的蒙古文的必要，便将创制文字的任务交给了八思巴，希望他参照藏文，制造新的蒙古文。八思巴经过几年探索与实验，最后在藏文字母的基础上，创制出一套方形竖写的拼音字母，名为"八思巴文"。至元六年（1269 年）二月，忽必烈下诏，颁行八思巴文于全国。规定"自今以往，凡有玺书颁降者，并用蒙古新字，仍各以其国字副之"[①]。

中统元年（1260 年），忽必烈即位，尊封八思巴为"国师"，并"授以玉印"[②]。元朝建立后，八思巴成为第一任元朝帝师。元朝实行了别具一格的帝师制度，从八思巴起，元朝皇帝从萨迦派高僧中选一人为帝师，主持皇廷的重大佛事活动。帝师乃全国佛教最高领袖，在中央设宣政院，由帝师兼任宣政院使，与中书省等平行，帝师可自任官属。宣政院负责管理全国佛教和西藏事务。在西藏设乌思藏等三路宣慰使司都元帅府，下辖十三万户府。这一制度从元初到元末都未变更。[③]

作为元朝的开创者，忽必烈的文治武功并不逊色于汉武帝、唐太宗等著名的中原帝王。身为帝王，其多元的视角、兼容的心态、统一天下的政治抱负、选贤任能的识人能力、高瞻远瞩的战略眼光，都是毋庸置疑的。

忽必烈建立元朝，结束了自五代以来多个政权并立对峙的局面。从忽必烈开始，漠北草原、西南大理、边陲西藏与中原汉地真正成为了一个政治共同体，形成了一个空前统一的国家。

在元朝早期的治理中，忽必烈慎刑宽法，崇尚节俭，对元朝政治秩序的建立和社会、民生的安定，都起到了积极的作用。在用人方面，他重才能而去虚名，用人所长，且能应时而变化，也足见其卓越帝王的手段。

更为重要的是，忽必烈开创了蒙汉杂糅的政治文化，以"内蒙外汉"的形式整合出一个游牧与农耕并存，且带有一定海洋性质的商业繁盛的国家治理模式。中原

---

① 《元史》卷 202,《八思巴传》。

② 《元史》卷 202,《八思巴传》。

③ 参见朱耀廷著:《蒙元帝国》，人民出版社 2010 年版，第 172、173 页。

政治文化、政治制度、管理机构和官僚运作体制经过了千余年的岁月洗礼，已经证明是同时代最为有效的治理方式。身为蒙古的大汗，忽必烈成功地将黄金家族秉承的祖宗家法和蒙古贵族推崇的草原旧制，拆分并融入汉式政体之中，这套机制相对于前四汗时期的政治模式当然要进步得多，它客观上适应了草原游牧与汉地农耕生活方式并存的格局，有利于多元文明的共存和繁荣。在忽必烈主导下，这套制度中的诸多创举，如行省制度和直接治理边疆的政策，以及对西藏政教合一体制的引导管束，都为明清两朝的地方和边疆治理提供了范本。

然而，忽必烈并没有完全解决蒙汉二元体制下元朝统治的根本问题，从而为元朝的衰亡埋下了隐患。

其一，皇位继承制度还不完善。依蒙古旧制，大汗通过忽里勒台大会从黄金家族内部推举产生。忽必烈本人在部分蒙古诸王和汉地世侯的支持下成功夺得汗位，也几次御驾亲征讨伐北方叛王，并在汉臣的反复建议下册立了太子，但他并没有将其固定成制度法令，也始终未敢对贵族忽里勒台进行革新。为加强北边防御，忽必烈派皇子宗王总兵漠北，辅以重臣，驻防重兵。而这些出镇的皇子宗亲，时常在皇位更迭时举兵还朝争位。忽必烈去世后，甘麻剌和铁穆耳几乎争帝位于灵前，这充分暴露出传承无序问题的消极影响。后来的武宗海山、泰定帝也孙铁木儿均是如此，此外，出镇宗王的亲信部属也会趁势干预皇位继承，最终导致元朝中后期走向权臣政治。频繁的权力争夺，消耗了国家的统治力量，加速了元王朝的败亡。

其二，贵族政治延续下来，人才选拔制度存在缺陷。忽必烈同他的父祖一样，依靠怯薛贵族治国理政。忽必烈本人虽然能够做到不拘一格选拔和使用人才，但他始终未能在庞大的国家内部建立一套如科举般相对公正的人才选拔和任用体系。贵族政治容易滋生贪腐，导致吏治败坏。强势的君主身故之后，随着贵族家族的不断壮大，当他们深度参与到因无序的皇权传承而引发的争夺战时，朝堂将遍布腥风血雨，永无宁日。这也是元朝中后期帝位更迭频繁且权臣政治盛行的症结所在。

其三，没有解决好穷兵黩武的传统问题。从成吉思汗起兵到元世祖时，用兵已四十余年。忽必烈即位后并未与民休息，而是继续进取攻讨三十余年，整个元朝实际上长期处于战时状态，而战争需要巨大的财力、人力、物力，从而埋下了元王朝衰亡的隐患。[①]

总之，忽必烈时期的治国理政为元朝的政治定下了基调，对明清两代也颇有影响。

---

① 参见向珊著：《解元：他们的元朝》，华文出版社2021年版，第96—98页。

第四章　忽必烈时汉法派与理财派的斗争

忽必烈即位之初，任用汉族儒臣，采行汉法，初步建立起一套适应中原内地经济基础与上层建筑需要的中央集权的封建政治制度。中统三年（1262 年）李璮叛乱，忽必烈重用的理财重臣王文统受牵连被处死，忽必烈开始疏远汉人，转而任用回回商人阿合马总领财政经济事务。阿合马用垄断铁冶、增加课税、滥发纸币和理算等竭泽而渔式的手段为忽必烈聚敛财赋。阿合马被杀后，忽必烈又先后任用“好言财利事”的汉人卢世荣、藏族人桑哥理财。卢世荣主政时，重新起用阿合马党人理财。桑哥也几乎重拾阿合马的理财手段。理财派暴敛财赋，在满足忽必烈对财赋的需求的同时，专擅植党，破坏汉法，侵吞百姓。以忽必烈“潜邸旧侣”中的儒臣为主的汉法派在政治上主张继续推行汉法，建立与完善中原封建王朝的政治制度，在经济上主张实行重农劝农、节用爱民的治国政策。两派官员的政治理念和经济思想大异其趣，冲突与斗争在所难免。

一、忽必烈与太子真金的政治分歧

汉法派和理财派是忽必烈统治时期出现的两个重要的政治派别，两派的争斗几乎贯穿忽必烈朝始终，并且明争暗斗时常演变成你死我活的流血冲突。

汉法派以汉族儒臣为主，也包括倾向汉法的蒙古高官和回回儒臣，在政治上主张推行汉法，继承中原封建王朝传统的政治制度，在经济上主张实行重农劝农、节用爱民的政策，支持者为太子真金。理财派先后以擅长敛财的回回人阿合马、汉人卢世荣、藏族人桑哥为主，其中趋炎附势、希求仕进的汉人官僚也不少。理财派暴敛财赋，在满足忽必烈对财赋的需求的同时，结党营私，破坏汉法，压迫百姓，其支持者是元世祖忽必烈。

汉法派和理财派斗争的主要根源在于忽必烈“嗜利黩武”的天性和政治权谋。阿合马、卢世荣、桑哥等理财派不过是忽必烈“嗜利”的工具，而“嗜利”则是满足其“黩武”的需要。重用理财派官员也是忽必烈保持蒙古贵族特权、不信任汉人官僚所使用的一种平衡朝廷政治的手段。

中统三年（1262 年），掌握中书省实权、总管财政经济事务的平章政事王文统因李璮之乱牵连被处死，汉人儒臣商挺、张文谦、刘秉忠等忽必烈的“潜邸旧侣”和汉人世侯史天泽及回回儒士廉希宪也因此受到忽必烈的猜忌和疑虑，在政治上的地位大受打击。忽必烈既然不敢过分信任汉人官僚，便转而任用擅长理财的回回人阿合马以聚敛财赋，且以回回官僚制衡汉人官僚。阿合马死后，忽必烈为了满足其穷兵黩武、征伐四方的欲望，又先后任用“好言财利事”的汉人卢世荣、藏族人桑哥理财，继续其对外扩张、对内压制的政治举措。

忽必烈由积极推行汉法转向消极保守后，皇太子真金成为汉法派官员的支持者。真金在维护汉法以及汉法派反对理财派的斗争中起着重要的作用。

真金是忽必烈的爱子，童年时师从著名儒士姚枢、窦默、许衡等，学习《孝经》等儒家的经典著作。后来，忽必烈潜藩的主要谋士刘秉忠推荐儒士王恂作为真金的伴读，辅导真金系统地学习儒家文化。可以说，真金是在儒家文化的氛围中长大成人的，这对他后来的政见自然具有潜移默化的影响。

忽必烈即位后，王恂擢拜太子赞善。中统三年（1262年），真金封燕王，领中书省事，开始参与政事。次年，忽必烈立枢密院，又以真金守中书令，兼判枢密院事。中书左丞许衡汇集古代帝王的嘉言善政，编成成书，忽必烈令王恂向真金讲解，目的是使真金系统地学习中原王朝历代治国理政的本领。王恂长期侍奉真金，向真金阐明三纲五常、为政之道以及历代治乱兴亡的经验教训，对真金的政治倾向有着重要的影响。

汉法派官员在受到忽必烈疏远后，转向寻求太子真金的支持，把继续推行汉法、实现政治理想的希望寄托在真金身上。真金参决政务后，建皇储的问题也提到了汉法派的议事日程。汉法派希望立真金为皇太子。因为有了皇太子的支持，王朝政治中原化进程才可得到有效的保障。

早在忽必烈即位伊始，为改变大蒙古国时期的汗位之争状况，汉人官僚就建议忽必烈采用中原王朝传统的嫡长子继承制度，预立皇太子。姚枢建议“建储副以重祚”[①]，陈祐认为“树太平之本有三：一曰太子国本，建立宜早”[②]，指出皇太子是国家的根本，应该尽早建立真金为皇太子。儒士张雄飞亦劝忽必烈：“太子天下本，愿早定以系人心……天下至大，社稷至重，不早建储贰，非至计也。向使先帝知此，陛下能有今日乎？”[③]张雄飞用蒙哥汗因为没有早立大汗继承人，遂使忽必烈有登大宝的机会一事既劝且诱，终于使忽必烈于至元十年（1273年）二月，立真金为皇太子，同年九月，设立属于真金的官属——宫师府，设官属三十八员，大部分是汉法派官员和儒士。

自王文统被杀后，忽必烈支持回回理财派，对一般汉族儒臣渐渐疏远。真金则

---

① 《元史》卷158,《姚枢传》。

② 《元史》卷168,《陈祐传》。

③ 《元史》卷163,《张雄飞传》。

积极支持汉法的推行。元初议立门下省，他鼓励廉希宪积极为政时说："上命领门下省，勿难群小，吾为公除之。"[①] 所谓"群小"就是指阿合马及其党人，因为真金对阿合马理财擅权深恶痛绝。《元史·裕宗传》记载道："时阿合马擅国重柄，太子恶其奸恶，未尝少假颜色。"

至元十一年（1274年），汉法派代表人物刘秉忠、史天泽、赵璧相继病卒，汉法派势力大减，他们竭力推动真金实掌朝政，如忽必烈的侍臣董文用向忽必烈奏请让真金实际负责中书省政事。而当汉法派官员遭到迫害或牵连时，真金亦尽力保护。当阿合马被汉法派杀害后，理财派借此案向忽必烈进谗言，向汉法派反扑，此时真金奏请忽必烈，这才使得张九思和高觿等汉法派人士没有再受到追究与迫害。

不仅如此，真金对理财派的胡作非为嫉恶如仇。他在中书省参与朝政，明于听断，地方州郡科征、挽漕、造作、和市等经济政策，有关系到百姓休戚的，真金听到之后，即日奏告忽必烈罢除。卢世荣理财时，声言"我立法治财，视常岁当倍增，而民不扰也"[②]。真金认为卢世荣的说法很荒唐，斥责他说："财非天降，安得岁取赢乎。恐生民膏血，竭于此也。岂惟害民，实国之大蠹。"[③]汉法派抓住卢世荣的"贪饕"罪名不断弹劾，卢世荣最终被忽必烈下诏令诛杀，汉法派又取得了一次胜利。真金威望日高，连《元史·裕宗传》都称赞真金"其大雅不群，本于天性，中外归心焉"。然而，儒家文化虽然熏陶了真金儒家修身、齐家、治国、平天下的道理，使他通悉了历代帝王治理国家的政鉴，但因为忽必烈始终掌握朝政大权，真金虽以中书令参与政事十余年，却不敢在根本路线、大政方针上有所建树，只能唯唯诺诺。

忽必烈晚年多病，政事多委之于南必皇后。至元二十二年（1285年）初，江南行台御史上封章，内容大致是劝忽必烈提早退位，禅位皇太子，皇后不宜干预朝政等。真金闻知此事，内心恐惧至极，他知道乃父忽必烈对权力的贪欲，唯恐因此导

---

① ［元］苏天爵撰：《国朝名臣事略》卷7，《平章廉文正王》。

② 《元史》卷148，《董俊传》。

③ 《元史》卷115，《裕宗传》。

致父子反目为仇。御史台都事尚文办事机敏，密藏奏章，不欲使忽必烈知道。此事被阿合马余党答即古阿散等人得知，遂以钩索天下、欺瞒钱粮为名，奏请拘收内外官府案牍，实际上是想要揭发南台奏章，借机向忽必烈进谗言，构陷真金，以此打击汉法派官员。他们要悉数拘封御史台案牍，尚文留下密章不给。答即古阿散奏告忽必烈，命大宗正府官薛彻于索取密章。尚文与御史大夫月吕鲁（即玉昔帖木儿）、丞相伯颜商议说："是欲上危太子，下陷大臣，流毒天下之民，其谋至奸也。且答即古乃阿合马余党，赃罪狼藉，宜先发以夺其谋。"[①] 于是尚文查阅御史台旧案牍，查出答即古阿散的数十条罪状；伯颜、月吕鲁则先发制人，向忽必烈陈述事情经过并弹劾答即古阿散。忽必烈迁怒于答即古阿散等奸党，诏令将他们诛杀或流放。真金则由于这次政争惊惧而致病，在当年十二月英年早逝，年仅四十三岁。真金死后，汉人儒臣在朝廷中的势力大大削弱。朝政纷争进入了一个新的阶段。

二、汉法派与阿合马的斗争

中统三年（1262 年），山东爆发了李璮之乱。叛乱平息后，秉政数年，于元政府"规模法度"、理财等颇有贡献的汉族官僚王文统被牵连诛杀。对汉世侯和汉臣，忽必烈逐渐起了疏远和防范之心。此时的忽必烈以扫灭南宋、一统华夏为要务，急需一位善于理财的官员来为他筹措经费。正是在这个背景下，阿合马进入忽必烈的视野，并被委以重任，开始了他呼风唤雨的二十年宦海生涯。

阿合马出生在花剌子模的费纳喀忒，他本是忽必烈的岳父（察必皇后的父亲）的家奴。后来察必做了皇后，阿合马成了皇后斡耳朵的侍从。忽必烈看重阿合马精明能干，善于计划，于是在中统三年（1262 年）任命他领中书左右部，兼诸路都转运使，专管财赋之事。随后，阿合马抓住这个难得的机遇，积极为忽必烈聚敛财赋，

① 《元史》卷 170，《尚文传》。

权位进一步得到了提升。

阿合马为奴才出身，又久处蒙古宫廷氛围之中，极善揣摩帝王心理。他自然知晓忽必烈急于敛财的心思和对富国强兵的渴望，因此不失时机地献上了理财兴利的法宝。

阿合马的理财手段首先是垄断盐、铁业。他建议忽必烈给河南钧州（今河南省禹州市）、徐州等有现成钢铁冶炼产业的州郡授予宣牌凭证，将铁器的冶炼和铸造官商化，并且奏请礼部尚书马月合乃兼领已括到的三千匠户，发展铁冶产业。铁器官营，预计一年就可输铁一百零三万七千斤，铸造农器二十万件，易粟输官者可达四万石，效果可谓立竿见影。《元史·阿合马传》中“世祖急于富国，试以行事，颇有成绩”，即是就此而言的。

阿合马理财，特别重视增加课税。增加课税的内容之一就是增加盐税。至元元年（1264 年）正月，阿合马发现山西太原有人煮硝盐越境贩卖。他们这种土法制的盐比官盐便宜，百姓竞相购买，于是官盐在市场上无人问津，导致盐课减少。针对此种情况，阿合马认为完全禁止百姓煮盐并不现实。于是，他要求岁增盐课五千两，僧、道、军、匠等户也要分担。这一建议在半年之后就付诸实践，解州盐课猛增三分之二。

增加课税的第二项内容是增加商税。中统四年（1263 年），阿合马奏请：凡在京权势之家经商的，以官银做买卖的，必须交税。七年后，又制定三十分取一的税制，以银四万五千锭为额。禁止典卖田宅不纳税。

增加税粮也包括在增加课税的内容之内。忽必烈初年，核验诸路民户成丁的数额，规定每丁每年征粟一石，驱丁征粟五升，新户驱丁各半之。至元十七年（1280 年），改丁税为全科户，每丁粟二石，驱丁粟一石。每丁缴纳税粮较前增长一倍。

元朝发动全面灭宋战争后，财政耗费骤然加大，以致国用不足，国家财政不能满足战争需求。阿合马却将国用不足归咎于减免编民征税、罢转运司官，令各路总管府兼领课程。他向忽必烈提出“验户数多寡，远以就近，立都转运司，量增旧额，选廉干官分理其事"[1]，复立诸路转运司十一所，以亦必烈金、札马剌丁、纥石烈亨、阿里和者、完颜迪、姜毅、阿老瓦丁、倒剌沙等人为使，分理地方财赋，量增课程元额。他选的这些转运使，大都是些横征暴敛、贪污中饱之辈，并非廉干为民之官，因而引起了汉法派的激烈弹劾。

元朝灭宋后，阿合马又奏立江西榷茶运司、诸路转运盐使司、宣课提举司，以增敛赋税。他还在征税机构中滥设官吏，仅一年的时间内，宣课提举司官吏冗员就增加至五百多人。江西行省左丞陈岩、范文虎等向中书省告发宣课提举司官吏扰害百姓，且侵盗官钱，请求罢除宣课提举司等机构，却因为忽必烈偏袒阿合马而无果。

阿合马还用包税的手段暴敛财赋。至元十八年（1281 年）九月，安西王相府官赵炳向阿合马献策陕西行省课程岁办一万九千锭，官府若果尽心措办，可得四万锭。阿合马得到忽必烈允许后，命赵炳承包陕西税课。两年之后，京兆等路岁办课额自一万九千锭增至五万四千锭，老百姓的负担因此大大加重。

阿合马聚敛财赋的第三种手段是滥发交钞。中统元年（1260 年）十月，元政府发行中统宝钞，以银为本，每两贯同白银一两通行，各种赋税都收中统钞。初期中统钞的发行量有限，物价大体上是平稳的。元朝发动灭宋战争后，为换发南宋的交子、会子等货币，阿合马于至元十三年（1276 年）六月在大名府设置行户部，掌印造交钞，以通江南贸易。随着战争的推进，军费支出也越来越大，阿合马便以大量印造纸币作为解决财政困难的应急办法，每年的发行量平均为九十万锭。钞币的滥发，造成严重的通货膨胀，物重钞虚，钞法日坏，钞价贬值至十分之一。

阿合马最突出的理财手段是理算。理算也叫"打勘""拘刷"，原义是检查和清理官府钱财的欺瞒和逋欠。[2]阿合马以"理算"的名义向各级官吏额外征求财赋。忽

① 《元史》卷 205,《阿合马传》。

② 参见蔡美彪等著:《中国通史》第 7 册，人民出版社 1983 年版，第 116 页。

必烈朝中期，吏治已相当腐败，官吏贪赃纳贿，敲剥民财。阿合马通过理算向地方官吏勒索钱物；地方官吏被勒索后，再去敲剥百姓。元朝灭宋之后仅十年，阿合马对江南钱粮就进行了八次理算。他奏遣不鲁合答儿、刘思愈等前往江淮行省立省以来一切钱谷，发现行省平章阿里伯、右丞燕帖木儿擅易命官八百员，擅自设左右司官、铸造铜印等违法行为。报告朝廷后，阿里伯、燕帖木儿因此被诛杀。但根据《元史·刘正传》记载，阿里伯并没有偷盗官粮，而是与阿合马不和，阿合马趁机诬陷他。阿合马通过这种手段，不仅搜括了财赋，还排除了异己，可谓一石二鸟。

阿合马的理财政绩解决了忽必烈国用不足的问题，使得忽必烈一度对他非常信任。忽必烈曾对淮西宣慰使昂吉儿说：

> 夫宰相者，明天道，察地理，尽人事，兼此三者，乃为称职。阿里海牙、麦术丁等，亦未可为相，回回人中，阿合马才任宰相。[①]

在上面人物中，阿里海牙是元朝攻宋战争中的主帅之一，功勋卓著，官至湖广行省左丞相。麦术丁是回回人，也有理财之能，官至参知中书省事，但他不像阿合马那样能肆意盘剥，左右逢源，忽必烈反而不欣赏他。由此可知忽必烈对阿合马的赏识。

阿合马的敛财，满足了忽必烈对财赋的需求。但他“一以掊克为事”、竭泽而渔式的敛财手段，显然与中原封建王朝传统的重农劝农的治理政策背道而驰。阿合马从专掌理财大权时起，就遭到崇尚孔孟之道、重义反利的汉法派官员的激烈反对。两派冲突的焦点主要在敛财与反敛财、推行汉法与毁坏汉法两大问题上。另外，阿合马依仗忽必烈对他的信任，专权自恣，执掌理财大权，以权谋私，中饱私囊，大立亲党，排挤汉法派官员，也引起了朝野汉法派的不满和反对。[②]

---

① 《元史》卷 205，《阿合马传》。

② 参见齐涛主编，张金铣、赵文坦、齐涛著：《中国政治通史》第七卷《恢宏与草昧的元朝政治》，泰山出版社 2003 年版，第 240—244 页。

中统三年（1262年），阿合马领左右部，总管财用，对所要施行的经济措施不请示中书省，直接向忽必烈奏请。忽必烈令朝臣辩论，张文谦反对："分制财用，古有是理，中书不预，无是理也。若中书弗问，天子将亲莅之乎？"[①] 忽必烈肯定张文谦的意见，阿合马欲专权的企图暂时没有得逞。

至元五年（1268年），元廷建置御史台作为中央最高监察机构，以纠察弹劾朝廷百官违法之事，继而又在各道设立提刑按察司作为地方监察机构。阿合马认为设立监察机构后会监督他行事、妨碍他和他的部下敛财，于是横加干涉和抑制。廉希宪反驳说："立台察，古制也，内则弹劾奸邪，外则察视非常，访求民瘼，裨益国政，无大于此。若去之，使上下专恣贪暴，事岂可集耶。"[②] 廉希宪义正辞严且语含机关：如果你阿合马反对设立御史台，就是"专恣贪暴"的"奸邪"。阿合马无言以对，由此忌恨廉希宪。两年后，廉希宪因事被罢官。

阿合马立制国用使司专总财赋之初，中书左右司郎中崔斌就表示反对。他引《论语》之语对忽必烈说："与其有聚敛之臣，宁有盗臣。"[③] 并在忽必烈面前屡屡斥责阿合马的种种恶行。至元十五年（1278年），崔斌被召觐见忽必烈，忽必烈询问崔斌江南各省安抚治理的情况时，崔斌劝告忽必烈"治安之道在得人"，意即选拔德才兼备、能体恤百姓疾苦的官员，元朝的统治才能长治久安。他奏报阿合马在江南安插的官员多不称职，因极言阿合马奸蠹。忽必烈命令御史大夫相威、枢密副使孛罗审核江南各行省官，裁汰阿合马设置的冗员，罢黜阿合马的亲党，检核他们的不法行为。阿合马遭到一次打击。恰在此时，尚书留梦炎、谢昌元向忽必烈上奏说江淮行省省臣无一人通文墨者。忽必烈将崔斌升迁为江淮行省左丞，派往江淮行省核查。崔斌对阿合马党羽的蠹国渔民不法之政，皆加以改正，并条列他们的罪证上奏忽必

---

① 《元史》卷157,《张文谦传》。

② 《元史》卷126,《廉希宪传》。

③ 《元史》卷173,《崔斌传》。

烈。阿合马惧怕忽必烈闻知他的罪状，将崔斌的奏章截获，并对崔斌诬构陷害，竟将崔斌迫害致死。

元初设立中书省作为总理全国政务的最高行政官署，中书省所属六部之一的户部主管财政经济事务。元初的中书省首相多以蒙古勋旧担任，汉人世侯史天泽军功显赫，也一度做过右丞相。阿合马等理财派既非勋旧，也无军功，只是靠聚敛财赋受到忽必烈的赏识，得以跻身朝廷，他们与勋旧们同官，“势必出其下，不可得志”[①]，于是阿合马别立尚书省，专领财赋，夺取了中书省的财政经济大权。为防止右丞相安童干涉他专权理财，他又图谋将中书、尚书两省合为一省，拜右丞相安童为三公。三公位望崇高，实际上毫无实权。《元史·阿合马传》称阿合马“多智巧言”，架空右丞相安童就是其“多智”之一。安童是成吉思汗时期著名的木华黎的曾孙，忽必烈即位初年，他还是一个十五岁的翩翩少年，就做了护卫宫廷的怯薛长；至元二年（1265 年），他年方二十，即入居中书，位列首相。忽必烈因其年少，召名儒许衡入朝辅导，许衡以儒家的仁政、爱民思想熏陶安童，使他成为汉法派的领军人物。安童积极推行汉法，举荐名儒姚枢、商挺等进入中书省议事，同辅庶政，阿合马因此对他极为不满，倾力排挤。忽必烈召集儒臣廷议，商挺倡言说：“安童，国之柱石，若为三公，是崇以虚名而实夺之权也，甚不可。”[②]王磐也表示反对：“合两省为一，而以右丞相总之，实便，不然，则宜仍旧，三公既不预政事，则不宜虚设。”[③]山东东西道提刑按察使陈祐则极力强调“中书政本，祖宗所立，不可罢；三公古官，今徒存其虚位，未须设”[④]。阿合马的阴谋这才没有得逞。

至元十二年（1275 年）七月，在阿合马的倾力排挤下，安童被“诏以行中书省

① ［明］陈邦瞻编撰：《元史纪事本末》卷 15，《尚书省之复》。
② 《元史》卷 126，《安童传》。
③ 《元史》卷 160，《王磐传》。
④ 《元史》卷 168，《陈祐传》。

枢密院事，从太子北平王出镇极边"，从此远离朝政，"在边十年"[①]。安童被排挤出朝，汉法派力量大减，阿合马趁机对汉法派官员大肆排挤，甚至对反对他的汉法派官员任情生杀，而忽必烈不闻不问，甚至曲意偏私，朝中的一些大臣于是开始图谋以非常手段铲除阿合马。

至元十九年（1282年）三月，忽必烈按照惯例前往上都巡幸，太子真金随行，阿合马留守大都。十七日，下层军官益都千户王著联合民间侠客高和尚，诈称太子返回大都做佛事，结伙八十余人，将前来迎接的阿合马锤杀于东宫之前。刺杀事件发生之后，闻讯的忽必烈极为震怒，下令诛杀刺客及和阿合马一道留守大都的枢密副使张易。在追查事件中，阿合马贪赃枉法诸多恶行开始浮出水面。最终，阿合马被毁棺戮尸，妻妾家产被抄没，在元朝庙堂之上，纵横恣肆了二十年的阿合马，最终落得个身死名灭的悲惨下场。

纵观阿合马之死，很多人认为其死于汉法与回回法的派系斗争，但究其根本，阿合马不过是一个精于计算的具有家奴心态的敛财之臣。他之所以能够活跃于国家的权力核心长达二十年，不在于他具有治国安民的政治雄心，而在于他确为谄佞之臣，并非真正意义上的弄柄权臣。他在经商方面自有天赋，有母钱时，用母钱生利；有权柄时，则用权柄敛财。他并没有政治野心，他的死亡，实为朝廷派系权力争斗的必然结果。

阿合马的出身和文化背景，决定了他不具备中原传统的君主、臣工、国家这三者相互依存、相互制衡的为官观念。如何利用臣工的身份，从社会上搜刮财富，满足帝王的欲望，以获取更大、更稳固的权位，是他的商人之道。应该说，这种高速有效的商人之道，让他为忽必烈的平叛和统一战争提供了强有力的后援保证，客观上有助于大一统的实现；但这种不计后果盘剥百姓、竭泽而渔的商人"理财"之道，用在讲究利与义的进退克制、君心与民意的轻重权衡、君主与臣工的合理距离、最终讲究长治久安的朝堂上，不仅是格格不入，甚至与它们还存在着无法化解的矛盾

① 《元史》卷126，《安童传》。

冲突。从这个角度讲，阿合马也只是忽必烈操纵朝政与治理国家过程中的一枚棋子，历史给予他的角色只是一个匆匆过客。从历史长河来看，他也是一个悲剧人物。[①]

三、汉法派与卢世荣的斗争

卢世荣，大名（今河北大名）人。阿合马专权时，卢世荣以贿赂仕进，任江西榷茶运使，后因犯罪罢免。

《元史·卢世荣传》说：

> 阿合马死，朝廷之臣讳言财利事，皆无以副世祖裕国足民之意。有桑哥者，荐世荣有才术，谓能救钞法，增课额，上可裕国，下不损民。

看来，卢世荣仕途之机运，除了总制院使桑哥的推荐外，还是因为在阿合马死后，朝臣之理财没有能合忽必烈之意者。因此在桑哥的举荐下，忽必烈召见卢世荣，卢世荣的奏对迎合了忽必烈对财赋的欲望，引起了忽必烈对他的重视。

至元二十一年（1284 年）十一月，忽必烈命中书省官与卢世荣当廷辩论国家大政，“论所当为之事”，卢世荣以“强词”获胜。右丞相和礼霍孙等“守正不挠”，辩论失败，与右丞麦术丁，参政张雄飞、温迪罕皆罢官。忽必烈重新起用安童为右丞相，以卢世荣为右丞。卢世荣又推荐前御史中丞史枢为中书左丞，不鲁迷失海牙、撒的迷失为参政，拜降参议中书省事。[②]

卢世荣“骤被显用”，主张重用阿合马原班底人马中会理财聚敛者。他认为全国能规划钱谷的人都在原先阿合马集团中，于是便向忽必烈奏请选择其中的一些“通才”任用。可见，卢世荣所谓“通才”，实际上是一些精于急功近利、盘剥百姓的敛财酷吏。在得到忽必烈的允许后，卢世荣起用阿合马所用旧人：前河间转运使张弘

---

① 参见向珊著：《解元：他们的元朝》，华文出版社 2021 年版，第 109 页。

② 《元史》卷 205，《卢世荣传》。

纲、撒都丁、不鲁合散、孙桓，并为河间、山东等路都转运使，又用阿合马党人潘杰、冯珪分别为江浙、湖广二行省参政，宣德为浙西宣慰使。卢世荣则掌握中书实权，总揽理财大权。

不过，卢世荣的施政措施主要是多方增加课税。他的理财政策与阿合马的理财手段相比，多少存在着不同。

第一，整治钞法。卢世荣继任右丞当天，就奉旨中书整治钞法，定金银价，禁私自回易。又向忽必烈奏请民间金银则从便交易。并“依汉、唐故事，括铜铸至元钱，及制绫券，与钞参行”，这个建议得到忽必烈的支持，“世祖曰：‘便益之事，当速行之’”①。

第二，减免赋税、增加官俸。卢世荣奏请罢废怀、孟等路诸监，百姓栽植竹货，听其货卖，官府收其税。江湖鱼类，听民采捕，官府按定例收税。站户只供应驿马，往来使臣的饮食，由官府支给。立常平盐局以二百万引给商，一百万引散诸路，若商贩增盐价，官府平其直发以售。

卢世荣以理财增利自任，惧怕惹起众怒，激化社会矛盾，又以减免赋税、增加官俸等九事奏请“世祖诏天下”，“大抵欲以释怨要誉而已，世祖悉从之”。这九事是：

其一，免民间包银三年；

其二，官吏俸免民间带纳；

其三，免大都地税；

其四，江淮民失业贫困、鬻妻子以自给者，所在官为收赎，使为良民；

其五，逃移复业者，免其差税；

其六，乡民造醋者，免收课；

其七，江南田主收佃客租课，减免一分；

其八，添支内外官吏俸五分；

① 《元史》卷205，《卢世荣传》。

其九，定百官考课升擢之法。①

第三，发展官府垄断。当时京师一些富豪户酿酒酤卖，价高味薄，且不按时缴纳酒税。卢世荣奏请忽必烈禁止京师富豪户酿酒卖酒，由官府垄断酿酒业。并称原来的酒税，他一月即可办成。忽必烈听从其请，申令禁止私自酿酒。至元二十二年（1285年）正月壬午，卢世荣上奏说："臣言天下岁课钞九十三万二千六百锭之外，臣更经画，不取于民，裁抑权势所侵，可增三百万锭。"因而请示仿古榷酤之法，立四品提举司，以领天下之课，每年可得钞一千四百四十锭。忽必烈鼓励他说："便益之事，当速行之。"②三月，卢世荣罢上都醋课，酒课也改榷酤之制，令酒户自备工本，由官府拘卖，每石只输钞五两。

第四，奏请垄断海外贸易。主张在泉、杭二州立市舶都转运司，官府给本钱造船，令商人经营海外贸易，获利则官、商七三分成，官府收其七，商贩得其三。禁止商人私自出海贸易，拘收其先所蓄藏宝货，由官府收买；隐藏不卖者，许人告官，没收其财货，取其一半给告发者。全部禁没权势之家所占有的产铁之所，官府立炉鼓铸农器等以货卖，以所获利合常平盐课，买粟积存于常平仓，待粮价贵时再卖出，以获厚利。各路立平准周急库，减少其月息，贷给贫民。各都立市易司，管领牙侩人，计商人物货，四十分取一，以十为率，四给牙侩，六为增加州郡官吏俸禄。上都、隆兴等路，用官钱买币帛，在北方换取羊马，选蒙古人放牧。所得羊马皮毛筋角酥酪等物，十分为率，官府取其八，二与放牧者。③

第五，多方征利取税。卢世荣奏请在全国州郡城市立市易司，管领牙侩。商货四十税一，税款四分予牙人，六分留充官俸。随后又相继立规措所，以经营钱谷，其官吏皆以贾人担任，不限白身人。又设立真定、济南、太原、甘肃、江西、江淮、湖广等处宣慰司兼都转运使司，以治课程，并创立条例。令江浙、湖广、龙兴等处

① 《元史》卷205，《卢世荣传》。

② 《元史》卷205，《卢世荣传》。

③ 参见齐涛主编，张金铣、赵文坦、齐涛著：《中国政治通史》第七卷《恢宏与草昧的元朝政治》，泰山出版社2003年版，第261—262页。

行省长官要束木等专领课程事。立江西、江淮、湖广造船提举司。以地方酒课多有欺隐，责各地方官增旧课二十倍，有不如数者，重加罪罚。[①]

卢世荣的建策得到忽必烈的肯定和支持。但他惧怕遭到汉法派的伤害，因而对忽必烈说："臣之行事，多为人所怨，后必有谮臣者，臣实惧焉，请先言之。"忽必烈安慰他说："汝无防朕，饮食起居间可自为防。疾足之犬，狐不爱焉，主人岂不爱之。汝之所行，朕自爱也，彼奸伪者则不爱耳。汝之职分既定，其无以一二人从行，亦当谨卫门户。"[②] 遂诏谕丞相安童增加卢世荣的护从，以防不测。

至元二十二年（1285 年）二月，卢世荣又奏请罢江南行御史台，改按察为提刑转运司，使兼管钱谷。这一建策明显是对监察制度的破坏，遭到御史台臣的反对，但却得到了忽必烈的支持。卢世荣等中书省臣又奏立规措所以规划钱谷，任命善于经商者为官吏，其中有不少是阿合马在位时所用之人。

同年三月，阿合马余党宣德、王好礼声言每年能征钞七十五万锭，卢世荣以宣德、王好礼并为浙西道宣慰使。四月，卢世荣怕他所行理财措施及所用人政策遭到汉法派大臣的反对，寻求忽必烈的支持，对忽必烈说：

> 臣伏蒙圣眷，事皆委臣。臣愚以为今日之事，如数万顷田，昔无田之者，草生其间。臣今创田之，已耕者有焉，未耕者有焉，或才播种，或既生苗，然不令人守之，为物蹂践，则可惜也。方今丞相安童，督臣所行，是守田者也。然不假之以力，则田者亦徒劳耳。守田者假之力矣，而天不雨，则亦终无成。所谓天雨者，陛下与臣添力是也。惟陛下怜臣。[③]

至元二十一年（1284 年）十一月，卢世荣任中书右丞开始理财之初，他所行的

---

① 参见周良宵著：《元史》，上海人民出版社 2019 年版，第 366 页。

② 《元史》卷 205，《卢世荣传》。

③ 《元史》卷 205，《卢世荣传》。

理财增利措施就遭到汉法派蒙、汉大臣的反对。卢世荣声言“我立法治财，视常岁当倍增，而民不扰也”，时为翰林、集贤两院学士的董文用则责问卢世荣：“此钱取于右丞之家耶？将取之于民耶？取于右丞之家，则不敢知。若取诸民，则有说矣。”然后他用了一个形象的比喻揭穿卢世荣的理财伎俩：

> 牧羊者，岁尝两剪其毛，今牧人日剪其毛而献之，则主者固悦其得毛之多矣，然而羊无以避寒热，即死且尽，毛又可得哉！民财亦有限，取之以时，犹惧其伤残也。今尽刻剥无遗，犹有百姓乎！①

忽必烈正倚靠卢世荣理财，当然要支持卢世荣，然董文用是他的潜邸旧臣，一向为他所倚重，所以对董文用的意见他也不能不考虑，忽必烈一时难置可否，于是，征询汉化的康里人不忽木的意见。不忽木少年时代和皇太子真金一起师从太子赞善王恂、国子祭酒许衡学习儒家文化，日记数千言，书写《贞观政要》数十事，进呈忽必烈，又上书请立学校以兴儒学，曾劝阻忽必烈征伐交趾。他承袭了儒家反对言利的立场，对卢世荣能使“财赋十倍于旧”的说法不以为然，劝忽必烈说：

> 自昔聚敛之臣，如桑弘羊、宇文融之徒，操利术以惑时君，始者莫不谓之忠，及其罪稔恶著，国与民俱困，虽悔何及。臣愿陛下无纳其说。②

当时忽必烈急需财赋维持国用，没有接纳儒臣们的劝谏，不忽木“遂辞参议不拜”③。

卢世荣依恃忽必烈的信任，不免肆无忌惮，排斥异己，甚至连丞相安童也不放在眼里。卢世荣以言利进用，位居要职，援引同党。汉法派大臣张雄飞在卢世荣任职的同一天遭罢免。崔彧劾奏卢世荣不可居相职，也遭罢官。左司郎中周戭与卢世

---

① 《元史》卷148，《董俊传附董文用传》。

② 《元史》卷130，《不忽木传》。

③ 《元史》卷130，《不忽木传》。

荣意见稍不合，卢世荣以“废格诏旨”的罪名，将周戭杀死，以致于朝臣凛凛自危。

在真金的支持下，至元二十二年（1285年）四月，监察御史陈天祥上章弹劾卢世荣，说他“素无文艺，亦无武功，惟以商贩所获之赀，趋附权臣，营求入仕，舆赃辇贿，输送权门，所献不充，又别立欠少文券银一千锭，由白身擢江西榷茶转运使。于其任，专务贪饕，所犯赃私，动以万计”[①]。同时揭露他所盗官物：钞共计两万五千一百一十锭，金共计二十五锭，银共计一百六十八锭，茶共计一万两千四百五十八引，马共计十五匹，玉器七件，其余繁杂物件不计其数。

不仅如此，陈天祥还对忽必烈说卢世荣“苛刻诛求，为国敛怨，将见民间凋耗，天下空虚。考其所行与所言者，已不相副：始言能令钞法如旧，弊今愈甚；始言能令百物自贱，今百物愈贵；始言课程增至三百万锭，不取于民，今迫胁诸路，勒令如数虚认而已；始言令民快乐，今所为无非扰民之事。若不早为更张，待其自败，正犹蠹虽除而木已病矣”[②]。

忽必烈时在上都避暑，御史大夫玉速帖木儿（玉昔帖木儿）将陈天祥劾状上呈忽必烈。忽必烈即日派遣唆都八都儿、秃剌帖木儿等还大都，传命右丞相安童召集诸司官吏、老臣、儒士等，同卢世荣一起听陈天祥弹文，命令卢世荣、陈天祥一同赴上都辩论。

此后，弹劾卢世荣的蒙、汉官员越来越多，御史中丞阿剌帖木儿、郭佑，侍御史白秃剌帖木儿，参知政事撒的迷失又核查出卢世荣的一些罪状，如：不请示丞相安童，擅自支钞二十万锭；擅升六部为二品；仿效李璮令急递铺用红青白三色囊转行文字；不与枢密院官商议，擅自调动三行省一万两千人安置济州（今山东济宁市），委任漕运使陈柔为万户管领；任用阿合马党人潘杰、冯珪为杭州、鄂州二行省参政，宣德为杭州宣慰，分布在朝野的则更多；以钞虚为由，封闭回易库，致使民间昏钞不可行；罢白酵课；立野面、木植、磁器、桑枣、煤炭、匹段、青果、油坊诸牙行；

① 《元史》卷168，《陈祐传附陈天祥传》。

② 《元史》卷205，《卢世荣传》。

调出县官钞八十六万余锭等上奏忽必烈。

丞相安童则上奏忽必烈说："世荣昔奏，能不取于民岁办钞三百万锭，令钞复实，诸物悉贱，民得休息，数月即有成效。今已四阅月，所行不符所言，钱谷出者多于所入，引用俭人，紊乱选法。"①

翰林学士赵孟頫等也借机弹劾，认为卢世荣"初以财赋自任，当时人情不敢预料，将谓别有方术，可以增益国用。及今观之，不过如御史所言。更张之机，正在今日。若复恣其所行，为害非细"②。

御史中丞阿剌帖木儿同陈天祥等与卢世荣对质于忽必烈前，卢世荣对陈天祥所劾罪状一一服罪。忽必烈遂遣忽都带儿传旨中书省，命丞相安童与诸老臣集议，对卢世荣所推行的理财措施，当罢除的罢除，当更改的更改，同时下诏逮捕卢世荣下狱。这样，任职才一百余天的卢世荣便被论罪下狱。当初举荐卢世荣的桑哥虽然"素主世荣"，但也碍于"闻太子有言，讫箝口不敢救"③。同年十一月，忽必烈问忽剌出："汝于卢世荣有何言？"忽剌出回答说："近汉人新居中书者，言世荣款伏，罪无遗者，狱已竟矣，犹日养之，徒费廪食。"④于是，忽必烈下诏诛杀卢世荣，割其肉以喂食禽獭，下场十分凄惨。

平心而论，卢世荣虽然有小人得志膨胀之嫌，理财措施也有不合理的地方，但他的理财之术与阿合马完全盘剥百姓不同，一些主张与举措如解禁金银买卖、立"常平盐局"以调节盐价、规定官吏考绩与升迁的条例等均都有一定的合理性，只是因为时间太短，难见成效而已。事实上，除征税外，其他措施都还未来得及实行。究其失败原因，除了他本身外，主要在于他身处尖锐的高层斗争中而没有找到真正有力的支持者。忽必烈虽然重用他，但只是看中他的理财增利的本领，需要他暂时填补阿合马死后朝廷财政捉襟见肘的空白，并没有将他作为股肱长期任用的打算。从历

① 《元史》卷205,《卢世荣传》。

② 《元史》卷205,《卢世荣传》。

③ 《元史》卷115,《裕宗传》。

④ 《元史》卷205,《卢世荣传》。

史上看，忽必烈在至元二十一年（1284 年）十一月起用卢世荣之时，不惜为了卢世荣而于一天之内免掉右丞相和礼霍孙，右丞麦术丁，参知政事张雄飞、温迪罕。到了次年四月，经监察御史陈天祥一告，于廷辩以后却又立刻把卢世荣逮捕下狱，不久下诏处死，可谓君心难测。此外，卢世荣理财，因为时间仓促并没有能建立自己的班底，只能依靠阿合马的党羽和商贾，这当然为汉法派所不容。事实上，卢世荣的罪状远不如阿合马的严重，但对汉法派来说，卢世荣理财失败及其被杀，无疑又是一次对理财派的胜利。[①]

四、汉法派与桑哥的冲突

阿合马、卢世荣死后，第三个理财派大臣桑哥走到了历史的前台。

桑哥，出身于藏族噶玛洛部落，八思巴国师的弟子，通蒙古、汉、畏兀儿、藏等多种语言，曾做八思巴的译史（翻译)。“至元中，擢为总制院使。总制院者，掌浮图氏之教，兼治吐蕃之事。”至元十八年（1281 年），桑哥率大军平息了乌思藏地区的贵族贡噶桑布反对朝廷和帝师的叛乱，深得忽必烈信任。当初“卢世荣见用，亦由桑哥之荐”。桑哥“为人狡黠豪横，好言财利事”[②]，忽必烈早就有意任用他“理财”，以聚敛财赋。

至元二十四年（1287 年）闰二月，忽必烈召集麦术丁、铁木儿、杨居宽等与集贤大学士阿鲁浑撒里及叶李、程文海、赵孟頫等讨论钞法。麦术丁认为阿合马专权时自制国用使司改尚书省，颇有成效，建议“今仍分两省为便”[③]。忽必烈接纳麦术丁的建议，中书省之外又设尚书省。尚书省中，以桑哥、铁木儿为平章政事，阿鲁浑撒里为右丞，叶李为左丞，马绍为参知政事，余一员议选回回人充任，专事理财。

---

① 参见齐涛主编，张金铣、赵文坦、齐涛著:《中国政治通史》第七卷《恢宏与草昧的元朝政治》，泰山出版社 2003 年版，第 264—267 页。

② 《元史》卷 205,《桑哥传》。

③ 《元史》卷 14,《世祖本纪十一》。

改行中书省为行尚书省，中书六部为尚书六部。十月，以桑哥为尚书右丞相，兼总制院使，领功德使司事，右丞阿鲁浑撒里升平章政事，叶李迁右丞，参政马绍升左丞，而桑哥独掌大权。

桑哥理财基本上是重拾阿合马执政时的理财之政。他的改革方略大抵遵循着卢世荣的思路而行：救钞法，增国课，同时“裁抑权势所侵”，以钩考的方式，追缴各衙门、各省份的亏空和欠款。

其一，更定钞法。至元二十四年（1287年）三月甲午，桑哥推动忽必烈更定钞法，“更造至元宝钞颁行天下，中统钞通行如故。以至元宝钞一贯文当中统交钞五贯文，子母相权，要在新者无冗，旧者无废。凡岁赐、周乏、饷军，皆以中统钞为准”[①]。盐商应交盐税以中统、至元钞相半输官。十月，桑哥又以税赋并输至元钞，商贩有中统料钞，交换至元钞输官。

其二，经理钱谷。桑哥以理算为事，重操阿合马的理算手段，自立尚书省，凡仓库官府，无不钩考。至元二十五年（1288年）九月，桑哥又奏请设置征理司，专理追查钱谷，秩三品，凡仓库诸司，无不钩考。又以省、院、台官忻都等十二人理算江淮、江西、福建、四川、甘肃、安西等六省钱谷，湖广则委其亲信要束木。实行的结果，天下钱谷，已征者数百万，未征者尚数千万，以致民不聊生，自杀者接连不断。而逃往山林者，则发兵拘捕入狱，以致监狱爆满，死于狱中者数以百计。至元二十七年（1290年），集贤学士赵孟頫和尚书平章政事阿鲁浑萨理奏请忽必烈停止理算，忽必烈允应。阿鲁浑萨理还奏忽必烈“请罢征理司”，“诏下之日，百姓相庆”[②]。在这方面，桑哥的主要手段和阿合马一样，也是拘刷。他一上台便奉旨钩考中书省，穷加检核，共校出亏欠钞四千七百七十锭，昏钞一千三百四十五锭。中书省官员中，凡为桑哥所不满者，均被罗织，迫使引伏。他利用这一机会，将本无直接责任的参政杨居宽、郭佑二人无罪处死。平章麦术丁、参议王巨济等也引罪款服，王巨济从

---

① 《元史》卷14，《世祖本纪十一》。

② 《元史》卷130，《阿鲁浑萨理传》。

此改投于桑哥之门。桑哥本是喇嘛教弟子出身，发迹以后却“讳言师事胆巴而背之”，转而与色目人相勾结。杨居宽、郭佑是当时北方汉人的政治代表，桑哥与杨、郭之间的斗争实际上是北方汉人儒臣与色目官僚斗争的继续。杨、郭被杀，表明当时朝中的北方汉人儒臣集团已十分脆弱，根本无法与色目官僚相抗衡。

其三，建立行泉府司与开凿会通河。桑哥主尚书省后，始立行泉府司，专掌海运，并增置上海、福州二万户府，总共为四万户府，以任海上运输。海运粮的数字从至元二十四年（1287年）的三十万石激增至至元二十七年（1290年）的一百五十九万五千石。这大大缓和了大都食粮的供应。至元二十五年（1288年）十月，桑哥又请开凿自安民山至临清的运河。翌年七月，河工告成，赐名为会通河，从此沟通南北的大运河又重新凿通，便利了南北方之间经济的交流。海运的实行与重凿大运河，在主观上固然是出于加大对江南财货的征括，但客观上却有利于南北经济文化的交流与发展。①

其四，增加课税。至元二十六年（1289年），桑哥奏称：“国家经费既广，岁入恒不偿所出，以往岁计之，不足者余百万锭。自尚书省钩考天下财谷，赖陛下福，以所征补之，未尝敛及百姓。臣恐自今难用此法矣。何则？仓库可征者少，而盗者亦鲜矣，臣忧之。”② 为增加国家赋税，便增加课程：盐课每引由原中统钞三十贯，增为一锭；茶每引由原五贯，增为十贯；酒醋税课，江南增额至十万锭，内地至五万锭。大增天下商税，腹里地区为二十万锭，江南地区为二十五万锭。当时，元朝的“协济户”有十八万，只输半赋，在桑哥的要求下，增为全赋。又创设浙东、江东、江西、湖广、福建木棉提举司，在历史上第一次对棉布征税，责民岁输木棉十万匹。他还在江南调查户口，清理田税，以利于增加剥削。增加课税可谓桑哥的一项害民弊政。③

---

① 参见周良宵著：《元史》，上海人民出版社2019年版，第369—370页。

② 《元史》卷205，《桑哥传》。

③ 参见齐涛主编，张金铣、赵文坦、齐涛著：《中国政治通史》第七卷《恢宏与草昧的元朝政治》，泰山出版社2003年版，第277页。

值得一提的是，桑哥在肆意敛财、增加国家收入的同时，也主张节制对诸王、驸马、大臣们的赏赐。至元二十五年（1288年）十二月，桑哥上奏："有分地之臣，例以贫乏为辞，希觊赐与。财非天坠地出，皆取于民，苟不慎其出入，恐国用不足。"忽必烈回答说："自今不当给者汝即画之，当给者宜覆奏，朕自处之。"[①] 看来桑哥已感觉到，如果无限度地对百姓搜括，势必引起社会的不安定。忽必烈以后的成宗、武宗朝，大臣们常怀念忽必烈朝对诸王贵戚赏赐有度，说明桑哥裁抑对诸王贵族的财政支出的措施是应当肯定的。

桑哥和阿合马一样，在暴敛财赋之后，取得忽必烈的信任。忽必烈令以质子军和侍卫兵百人为桑哥护卫。桑哥专政擅权，破坏汉法，排斥异己，任意妄为。为了结党营私，他先将铨调朝廷内外官之权掌握在自己手中，继而将中书省的宣敕权也揽入尚书省。他甚至把刑罚官爵都当成了商品，可以随便买卖，只要走桑哥后门，出高价什么都可以买到，应当受刑的可以免刑，买官的可以得官，以致纲纪大坏，人心涣散。大都路总管府判官萧仪曾为桑哥属下掾吏，犯收受贿赂罪，按法律应当处死。忽必烈免其一死，处以徒刑，这已经是从轻处罚了。桑哥却以萧仪"有追钱之能"为由，仅解除萧仪的职务，仅处以杖刑。至元二十三年（1286年）六月，治书侍御史陈天祥奉命理算湖北湖南行省钱粮。陈天祥到湖北鄂州后，即上疏弹劾平章要束木。要束木是桑哥的姻亲，也是桑哥的爪牙羽翼。桑哥专权报复，诬陷陈天祥，将陈天祥关在狱中近四百天，还想把陈天祥杀掉，但没有得逞。行台监察御史周祚曾弹劾行尚书省官，桑哥诬陷他，流放于憨答孙，妻子家资没官。桑哥专权四年，中外诸官，鲜有不靠贿而得的。波斯史家拉施特的《史集》记载了桑哥受贿之多。说是有一天，忽必烈向他要几颗珍珠，他回答说："我没有。"有一个叫木八剌沙的人向忽必烈禀告："桑哥家中有一大堆珍珠和珍饰，我亲眼看见过。"木八剌沙从桑哥家中拿来一对箱子，打开箱子，其中有无与伦比的珍珠和贵重物品。忽必烈把它们给桑哥看，并且说道："怎么样，你有这么多珍珠，我向你要两三颗珍珠，你却

---

① 《元史》卷15，《世祖本纪十二》。

不给！”桑哥羞愧地说道：“大食达官贵人们作证，这都是他们给我的。他们每个人都是某个地区的长官。”[①] 由此也可见，江淮一带搜括钱财的长官都是桑哥的党羽。京师的一些富户们为向桑哥行贿，将徭役转嫁到贫民身上。

桑哥的聚敛和残暴搞得民不聊生，江淮一带民众受害尤甚。桑哥理财，引发了汉法派与理财派的新一轮冲突。

至元二十四年（1287 年），复立尚书省之时，右丞相安童就恳切劝谏忽必烈说："臣力不能回天，乞不用桑哥，别相贤者，犹或不至虐民误国。"[②] 忽必烈正需要桑哥为他搜括财赋，当然不会接受安童的劝谏。安童见天下大权尽归尚书省，屡屡求退，而忽必烈又没有准许。同年，桑哥诬告参政杨居宽、郭佑时，监察御史王约上奏章申诉郭佑冤屈。桑哥处死杨居宽、郭佑时，刑部尚书不忽木力争杨、郭不可杀。至元十三年（1276 年末），不忽木上书忽必烈，请立学校以兴儒学，引经考史，说明学校对培养人才、辅佐政治的重要性。他受儒家文化濡染如此之深，自然反对言利之臣，而且敢于和桑哥之流做斗争。由于忽必烈信任桑哥，他终于没能救免杨居宽和郭佑，反遭桑哥忌恨。桑哥曾指不忽木对其妻说："他日籍我家者此人也。"[③] 将不忽木排挤出朝。此后，"廷臣顾忌，皆莫敢言"[④]。

汉化的蒙古儒臣也反对桑哥。蒙古人彻里，自幼由其母蒲察氏教授儒家经典，"以匡君经国自期"。他对桑哥引用党羽、钩考天下钱粮及盗卖江南学校田产极为气愤，在忽必烈面前陈奏桑哥奸贪误国害民事状，词语激烈，竟惹怒忽必烈，说他毁诋大臣，并打他一顿耳光，但彻里并不退缩。他说："臣与桑哥无仇，所以力数其罪而不顾身者，正为国家计耳。苟畏圣怒而不复言，则奸臣何由而除，民害何由而息。"[⑤] 彻里虽然挨打，也要进谏反对桑哥的理财侵民政策。

---

① ［波斯］拉施特著，余大钧等译：《史集》第 2 卷，商务印书馆 1985 年版，第 349 页。

② 《元史》卷 126，《安童传》。

③ 《元史》卷 130，《不忽木传》。

④ 《元史》卷 130，《彻里传》。

⑤ 《元史》卷 130，《彻里传》。

当桑哥恃忽必烈恩宠，其权势炙手可热之时，就连近戚贵人见到他，都屏息逊避。董文用以忽必烈藩邸旧臣任御史中丞，独不阿附桑哥，敢于反对桑哥急征暴敛。桑哥在忽必烈面前诬谮董文用，将董文用排斥出御史台，迁为主管农业的大司农。

至元二十六年（1289 年），监察御史赵世延与同列五人弹劾丞相桑哥不法。桑哥党羽、御史中丞赵国辅将劾文扣押不呈报忽必烈，更将弹劾之事告知桑哥。桑哥大加报复，除赵世延幸免外，其他五人都被桑哥排挤。同年，南人程钜夫入朝，上疏称桑哥为“权奸”，指出：“今权奸用事，立尚书钩考钱谷，以剥割生民为务，所委任者，率皆贪饕邀利之人。”他认为江南所以盗贼窃发，是因为桑哥之党盘剥所导致。请求忽必烈“清尚书之政，损行省之权，罢言利之官，行恤民之事，于国为便”[①]。此举惹得桑哥大怒，将程钜夫羁留在京师，奏请忽必烈诛杀程钜夫，但为忽必烈所“不许”。

尚书省臣中也有反对桑哥的。尚书平章政事也速答儿，暗中将桑哥奸状告知忽必烈的近臣、怯薛长月赤察儿，请月赤察儿奏劾桑哥。地方汉法派官员也对桑哥及其党羽的聚敛行动进行抵制，如桑哥钩考天下钱粮，其党羽参知政事忻都、户部尚书王巨济，遣官吏征敛徽州民钞时，就遭到徽州总管王楫的斥责和抵制。

至元二十八年（1291 年）春，忽必烈在漷北（或柳林，灞州北，今属天津）畋猎，随从的怯薛也里审班及御史大夫也先帖木儿、利用监卿彻里等弹劾桑哥专权黩货。忽必烈在行殿召见不忽木，不忽木回答说：“桑哥壅蔽聪明，紊乱政事，有言者即诬以他罪而杀之。今百姓失业，盗贼蜂起，召乱在旦夕，非亟诛之，恐为陛下忧。”[②] 上都留守贺伯颜，也曾向忽必烈弹劾桑哥奸欺。此时弹劾桑哥的越来越多，故忽必烈罢免桑哥。二月，忽必烈令御史大夫月儿鲁与桑哥辩论，桑哥与其党羽持御史李渠等已拘刷文卷为自己辩解，令侍御史杜思敬等勘验辩论，往复数四，桑哥等词屈。忽必烈命率宿卫军三百人往籍其家。三月，桑哥妻弟燕南宣慰使八吉由以受

① 《元史》卷 172，《程钜夫传》。

② 《元史》卷 205，《桑哥传》。

赂积赃伏诛。忽必烈下令毁桑哥辅政碑，继之清除桑哥余党。七月，桑哥伏诛。又遣使江南，籍桑哥姻党江浙省臣乌马儿、蔑列、忻都、王巨济，湖广省臣要束木等，皆弃市，人心大快。汉法派取得了一次大胜利。

桑哥的理政措施，如更定钞法、开凿会通河与发展“海运”，客观上有刺激商业、兴盛贸易的作用。他主张在财政上抑制怯薛等蒙古权贵阶层，亦有助于加强帝王的权威。但他征课聚敛操切急躁，“以剥割生民为务”，造成了民怨沸腾，给了蒙古权贵除掉他的理由。忽必烈利用桑哥等人搜刮、聚敛财富，满足自己开疆拓土、穷兵黩武的欲望，在因聚敛过度导致矛盾激化、朝野骚然之时，又诛杀他们以谢天下，此举内可抚慰群臣，外可安定局面。桑哥等不过是满足忽必烈嗜利黩武的工具，并没有独霸庙堂、威胁皇权的可能，这与元朝中后期的权臣擅权乱政有着很大的区别。

忽必烈诛杀桑哥后，罢废尚书省，以六部归于中书，尚书省大臣多因罪罢黜。忽必烈重新任用中书省官员，朝中格局为之一变。

至元二十九年（1292 年）十一月，为解决财政危机，忽必烈起用河南江北行省平章伯颜为中书省平章政事以综理财赋，位在平章政事帖哥、剌真、不忽木之上。伯颜任职中书省为忽必烈理财，不像阿合马、桑哥那样肆意刻剥百姓、聚敛财赋，因此，汉法派和理财派虽然又处于势均力敌的形势，但没有再发生激烈的冲突。

至元三十一年（1294 年）正月，忽必烈病死于大都，朝政纷争从此进入了一个新的发展阶段。

第五章　成宗之立与守成政治

忽必烈以后的皇位继承，既受汉制的皇位继承制度影响，又受大蒙古国时期忽里勒台制度的影响，但始终无一定之规。皇位的取得，多赖有力大臣拥立，因此常发生同室操戈、兵戎相见，或阴谋篡夺、流血政变的情况，元朝统治集团因此长期处于变乱动荡之中。《元史·成宗本纪四》说：“成宗承天下混一之后，垂拱而治，可谓善于守成者矣。”成宗虽然守成有功，但从成宗守成到元朝的最后一个皇帝元顺帝即位（1333 年），其间不过三十九年，元朝却走马灯似地换了九个皇帝。忽必烈之后，因为皇位继承人制度始终没有确立，元朝政治在皇位争夺与权臣干政中日益走向灭亡。

一、帝位之争与成宗之立

从成吉思汗起，汗廷就无明确的立储之法。往往在大汗临终之时才有遗训，以确定新的汗位继承人。但是，遗训也不足为凭，仍要经过贵族大会“忽里勒台”的推举，即位者才能成为合法的大汗。这种不明立皇储的旧制，多次引起蒙古贵族内部的激烈争斗。有鉴于此，忽必烈即位后不久，在儒臣们的推动下，就明确了设立皇储的意向，于中统三年（1262年）封皇子真金为燕王，并命其领中书省、枢密院之要职。到至元十年（1273年），遂正式册封真金为皇太子，作为皇位的唯一合法继承人。这种明确立储的做法，虽违背了“忽里勒台”大会的选汗旧制，却能够有效地减少宗亲王公间的博弈残杀。只可惜皇太子真金中年夭亡，这一重要制度由于种种原因而未能延续下来，因此元朝中后朝蒙古皇族各支系间的火并连年不断，政局长期动荡不安，从而严重削弱了元王朝的统治力量，其国祚之所以短促，这应是一个重要因素。

至元二十二年（1285年），真金皇太子去世时，忽必烈已是七十余岁的高龄老人，但他却迟迟没有再立皇太子。这其中自然有他的为难之处。当时有资格被确定为皇位继承人的主要有四人：一是忽必烈的幼子那木罕；二是太子真金的长子甘麻剌；三是太子真金二子答剌麻八剌；四是太子真金三子铁穆耳。根据蒙古族“幼子守灶”的传统，那木罕作为元世祖的幼子，有资格继承皇位，而且他个人的确也曾希望继位，并在言谈话语中有所流露。正由于他有觊觎皇位的野心，因此曾受到忽必烈的尖锐批评，并被忽必烈疏远。真金去世的前一年（1284年），他与安童抚军北方，又被叛王昔里吉等俘虏，被海都等叛王关押了几年。因此被确定为继承人的竞争性已几乎不存在。

另一方面，根据汉族的皇太子继承制，“有子立子”，无子方能立弟。皇太子去世后，只要皇太子有子就应该被立为皇太孙，而不能再在皇太子的兄弟中选择继位人。故而朝中汉法派大臣都倾向于从真金皇太子的几个儿子中选择皇位继承人。从史书记载看，忽必烈对这三个皇孙都很喜欢，一时不能决定由谁来继位，这可能也是忽必烈迟迟不再立皇位继承人的重要原因。

皇太子真金的早逝，使忽必烈采用的汉制皇位继承制度半途而废。按蒙古传统的汗位继承制度，在没有确定皇位继承人的情况下，皇后所生诸皇子对皇位的继承有均等的权利。因此而言，真金长妻伯蓝也怯赤（阔阔真）所生的三个儿子都有继承皇位的可能。

真金皇太子的三个儿子的能力都很强，长子甘麻剌于至元二十七年（1290 年）被封为梁王，至元二十九年（1292 年）改封为晋王，率兵镇守北边，统领成吉思汗四大斡耳朵与达达的军马、国土，在蒙古诸王贵族中很有影响。二子答剌麻八剌一直被留在真金和忽必烈的身边，直到至元二十八年（1291 年）才受命出镇怀州（今河南沁阳），但不曾到任就身患重病，于至元二十九年（1292 年）春在大都去世。三子铁穆耳曾经随从忽必烈讨伐东北叛王乃颜，作战勇敢，立有战功；乃颜同党合丹继续与朝廷作对，铁穆耳受命征讨，合丹败亡。至元三十年（1293 年），铁穆耳又在朝廷重臣玉昔帖木儿的协助下抚军北边，防备海都。由此可见，甘麻剌、铁穆耳二人都是最有资格的皇位继承人，皇位之争在二人之间不可避免。

然而，皇太子真金病逝后，忽必烈已没有了册封皇太子的打算，直到至元三十年（1293 年），在玉昔帖木儿的劝说下，忽必烈才将皇太子印授予即将抚军漠北的皇孙铁穆耳。不过这也仅仅表明忽必烈身后传承皇位的意向，因为他并没有像册立真金为皇太子那样颁布一系列《建储诏》《授皇太子玉册诏》之类的诏令昭告天下，甚至忽必烈是否已下决心由铁穆耳继承皇位，史书中也并无明文记载，因此很难确知。但可以推测，忽必烈迟迟没有立皇太子，与他晚年身边已没有可以倚重与信任的汉族儒臣有着很大的关系。

至元三十年（1293 年）十二月，忽必烈病重，他急召掌握军事大权、在山西大同待命的知枢密院事伯颜回京师，同时召中书平章政事不忽木至宫禁中随侍左右。不忽木天天侍奉忽必烈医药，时刻准备接受忽必烈的遗诏。至元三十一年（1294 年）正月十二日，伯颜回到大都，与不忽木留在忽必烈宫中，并受遗诏。正月二十二日，忽必烈病死于大都。不忽木负责忽必烈丧葬事宜。伯颜一方面遣使告于铁穆耳漠北军中，一方面总领百官、控制政局。

同年四月，蒙古左右部诸王、诸驸马、文武重臣，齐集漠南上都（今内蒙古正蓝旗），进行新皇帝的选举。方式仍然是大蒙古国时期推举大汗的忽里勒台制度。根据这个制度，即使老皇帝指定了皇位继承人，也要经过诸王贵戚在忽里勒台大会上推举，新皇帝才能即位。铁穆耳虽有皇太子印，但不代表他就是合法的皇位继承人。

据史料显示，一方面，在忽必烈去世时，论声望，论力量，甘麻剌均比铁穆耳占有优势。甘麻剌是嫡长孙，并且已经封王，而铁穆耳不是。在十二天的推举中，甘麻剌在宗亲王公中的呼声很高。另一方面，早在忽必烈去世前，朝廷重臣玉昔帖木儿、伯颜、完泽、不忽木、阿鲁浑萨理、赛典赤伯颜等已经明确表示支持铁穆耳继位，并且得到真金太子妃阔阔真和忽必烈的支持。

就在铁穆耳、甘麻剌双方相持不下的情况下，阔阔真提议二人当场竞赛，“让那精通成吉思汗的必里克（训言）的人登位”，“现在就让你们每人来讲他的必里克，让在场的达官贵人们看看，谁更为精通必里克”[①]。铁穆耳口才好，善于背诵、演讲，以美妙动听的声音讲述了必里克。甘麻剌则稍微口吃，不能与铁穆耳争胜。众人同声宣称：“铁穆耳合罕精通必里克，他较漂亮地讲述了［必里克］，他应取得皇冠和宝座。”可见阔阔真是明显偏袒铁穆耳的。事实上，阔阔真的提议并未能最终决定铁穆耳对皇位的继承，双方的争执仍然十分激烈。真正决定铁穆耳继承皇位的，是靠知枢密院事辅佐铁穆耳总兵漠北的实力派重臣玉昔帖木儿、军事统帅伯颜以及中书省臣不忽木等实力派的拥立。

不忽木是汉化甚深的康里人，在忽必烈朝曾多次与理财派重臣桑哥等发生冲突。伯颜出身于蒙古八邻部世勋之家，娶蒙古朝臣中汉法派代表人物、中书右丞相安童之妹为妻，在忽必烈即位初期即拜中书左丞相，曾率蒙汉大军二十万灭宋。至元十八年（1281年），皇太子真金抚军北边，以伯颜辅佐。真金每与伯颜论天下事，

---

① ［波斯］拉施特著，余大钧等译：《史集》第2卷，商务印书馆1985年版，第376页。

一直对伯颜尊礼有加。伯颜平宋北还后，曾受到过阿合马的诬陷，可知他与理财派大臣是对立的。至元二十六年（1289 年），伯颜以知枢密院事出镇和林，在和林设立行枢密院。伯颜是掌握元朝军队实权的要臣。玉昔帖木儿是成吉思汗时“四杰”之一博尔术之孙，世袭怯薛长。忽必烈赐号月吕鲁那颜，汉语“能官”之意。他在忽必烈朝任御史大夫期间，也曾与理财派大臣发生冲突。忽必烈率军亲征乃颜时，玉昔帖木儿受命统率先头部队，俘获乃颜。第二年，他又击败乃颜余党哈丹秃鲁干，既而御边杭爱。至元二十九年（1292 年），加录军国重事、知枢密院事，统领宗王将帅，成为朝廷中威望最高的大臣，既而辅佐皇孙铁穆耳抚军漠北。忽必烈死后，他又护送铁穆耳南还至上都。这三位权臣是汉法派或倾向于推行汉法的人物，对皇位继承人的归属有着决定性的作用。

早在忽必烈把皇位属意于铁穆耳前，他曾征询汉化甚深的畏兀儿人、集贤大学士阿鲁浑萨理的意见，阿鲁浑萨理建议立铁穆耳为皇太子，且称言铁穆耳“仁孝恭俭，宜立”。阿鲁浑萨理显然是以儒家的纲常伦理为标准来选择皇帝继承人的，对促使忽必烈下决心起到了重要的作用，《元史》上说经过这次招对后，“于是大计乃决，成宗及裕宗皇后皆莫之知也”[①]。后来，甘麻剌在即位无望的情况下也称其弟“仁孝”。甘麻剌虽然也曾受儒家文化熏陶，但崇尚佛教，经常命僧侣做佛事，每年耗费钱财不可胜计，显然不是汉化甚深的不忽木、遵用汉法的蒙古勋旧伯颜、玉昔帖木儿们心目中理想的皇帝继承人。铁穆耳以皇孙抚军漠北之时，以知枢密院事辅行铁穆耳的玉昔帖木儿请求忽必烈授予铁穆耳真金所佩皇太子印，忽必烈即遣阿鲁浑萨理奉皇太子印于铁穆耳藩邸。铁穆耳的“仁孝恭俭”，自然使他成为上述三位重臣拥立的对象。

因为上述种种因素，在此次忽里勒台宗亲合议帝位继承人的关键时刻，玉昔帖木儿和伯颜发挥了决定性的作用。玉昔帖木儿对甘麻剌说：“宫车晏驾，已逾三月，神器不可久虚，宗祧不可乏主。畴昔储闱符玺既有所归，王为宗盟之长，奚俟而弗

① 《元史》卷 130,《阿鲁浑萨理传》。

言。”这显然是在逼迫甘麻剌放弃皇位之争，并让他带头拥立铁穆耳。玉昔帖木儿虽没剑拔弩张，但作为统率全国将帅的知枢密院事，他的“劝言”自有其强大的威慑力。甘麻剌自感即位无望遂表示：“皇帝践祚，愿北面事之”，“于是宗亲大臣合辞劝进”[①]。但是当成宗即位于上都大安阁之时，拥戴甘麻剌的蒙古诸王仍然“有违言”者，于是“伯颜握剑立殿陛，陈祖宗宝训，宣扬顾命，述所以立成宗之意，辞色俱厉”，吓得“诸王股栗，趋殿下拜”[②]。与玉昔帖木儿不同，伯颜是在用武力强逼拥立甘麻剌的诸王就范。在这种情况下，宗亲大臣按照大蒙古国的选汗仪式，共同劝说铁穆耳继承皇位，铁穆耳照例是谦让再三，终登大宝，是为成宗。

在这次皇位之争中，铁穆耳与乃兄甘麻剌虽然发生了激烈争执，但没有发生流血冲突。由忽必烈到铁穆耳的皇位传承，称得上是一次和平过渡。元代的文士们形容这次汗位之争是“急变之秋”；又说铁穆耳之立，“易天下岌岌为泰山之安”，也说明了当时在汗位争夺上激烈的程度。

历史表明，在整个元朝，仿效汉制的皇太子制度一直没有能够真正确立起来，虽然每次皇权转移都要通过固有传统“忽里勒台”选汗的方式，但实际上权臣，尤其是军队的作用越来越大，由此而造成了元朝后期的宫廷政变和军事冲突不断，成为元朝统治集团内部矛盾尖锐以及元朝短命的一个重要原因。

二、先朝庶政，惟慎奉行

《元史》说：“成宗承天下混一之后，垂拱而治，可谓善于守成者矣。”[③] 元成宗铁穆耳即位后，立即下诏说：

> 朕惟太祖圣武皇帝受天明命，肇造区夏，圣圣相承，光熙前绪。迨我先皇

① 《元史》卷 119,《玉昔帖木儿传》。

② 《元史》卷 127,《伯颜传》。

③ 《元史》卷 21,《成宗本纪四》。

帝体元居正以来，然后典章文物大备。临御三十五年，薄海内外，罔不臣属，宏规远略，厚泽深仁，有以衍皇元万世无疆之祚。

我昭考早正储位，德盛功隆，天不假年，四海缺望。顾惟眇质，仰荷先皇帝殊眷，往岁之夏，亲授皇太子宝，付以抚军之任。今春宫车远驭，奄弃臣民，乃有宗藩昆弟之贤，戚畹官僚之旧，谓祖训不可以违，神器不可以旷，体承先皇帝夙昔付托之意，合辞推戴，诚切意坚。朕勉徇所请，于四月十四日即皇帝位，可大赦天下。

尚念先朝庶政，悉有成规，惟慎奉行，罔敢失坠。更赖祖亲勋戚，左右忠良，各尽乃诚，以辅台德。布告远迩，咸使闻知。[①]

元成宗是这样说的，也是这样做的。

元成宗即位之后，并没有像拥立他的汉法派大臣所希望的那样，在忽必烈朝的基础上改弦更张，继续推行汉法。他没有乃父真金那样深厚的汉文化修养和从政经验，也没有乃祖忽必烈那样的政治魄力，因此，他决定推行守成政治，也就是说要遵循忽必烈时期既定的制度，实行“守成”的国策，既不在忽必烈推行汉制的基础上继续推进汉法，也不向旧制倒退。他的守成政治，主要表现在对中央政府官员的任用上面，仍然是维持忽必烈末年的格局而不做大的人事变动。

（1）重用玉昔帖木儿镇守北疆

至元三十一年（1294年）五月，元成宗拜玉昔帖木儿为太师，仍兼御史大夫、知枢密院事，替他“还镇北边”[②]。

（2）仍以完泽为中书右丞相

诏令宗藩内外官吏人等，咸听完泽约束。

---

① 《元史》卷18，《成宗本纪一》。

② 《元史》卷119，《玉昔帖木儿传》。

> 完泽，土别燕氏……中统初，从世祖北征。四年，拜中书右丞相，与诸儒臣论定朝制。完泽以大臣子选为裕宗王府僚属。裕宗为皇太子，署詹事长。入参谋议，出掌环卫，小心慎密，太子甚器重之。一日会燕宗室，指完泽语众曰："亲善远恶，君之急务。善人如完泽者，群臣中岂易得哉！"自是常典东宫卫兵。裕宗薨，成宗以皇孙抚军北方，完泽两从入北。至元二十八年，桑哥伏诛，世祖咨问廷臣，特拜中书右丞相。完泽入相，革桑哥弊政，请自中统初积岁逋负之钱粟，悉蠲免之，民赖其惠。三十一年，世祖崩，完泽受遗诏，合宗戚大臣之议，启皇太后，迎成宗即位，诏谕中外，罢征安南之师，建议加上祖宗尊谥庙号，致养皇太后，示天下为人子之礼。元贞以来，朝廷恪守成宪，诏书屡下散财发粟，不惜巨万，以颁赐百姓，当时以贤相称之。大德四年，加太傅、录军国重事。位望益崇，成宗倚任之意益重，而能处之以安静，不急于功利，故吏民守职乐业，世称贤相云。七年薨，年五十八，追封兴元王，谥忠宪。①

完泽处事谨慎稳重，不急功近利，采取安定政局、清静无为的执政策略，周旋于汉法派与理财派大臣之间。"位望益崇"，深得元成宗的信任和倚重。

（3）继续重用不忽木

不忽木是忽必烈离世时的顾命大臣，元成宗即位后，不忽木仍留任中书平章政事，成宗慰劳他说："卿先朝腹心，顾朕寡昧，惟朝夕启沃，以匡朕不逮，庶无负先帝付托之重也。""成宗即位……躬揽庶政，听断明果，廷议大事多采不忽木之言。太后亦以不忽木先朝旧臣，礼貌甚至。"②元贞二年（1296年），拜昭文馆大学士、平章军国重事，不再担任中书平章政事职务。至大德二年（1298年），又转官御史台。

（4）用伯颜掌握中书省权柄

伯颜是忽必烈朝名臣。至元三十年十一月，他由河南江北行省的平章入朝为中书

---

① 《元史》卷130，《完泽传》。

② 《元史》卷130，《不忽木传》。

省平章政事，在忽必烈统治的最后两年，深受忽必烈的宠信。伯颜处事“深略善断”[①]。元成宗即位后，伯颜仍留任中书省平章政事，为提高他的地位和权势，成宗授予他极受回回人尊敬的“赛典赤”称号。不仅如此，成宗还令伯颜之弟伯颜察担任参议中书省事。伯颜有顾虑，以“臣叨平章政事，兄弟宜相嫌避”为请，成宗安慰他说：“卿勿复言。兄平章于上，弟参议于下，何所嫌也。”[②]由此可见成宗对伯颜之信任。

（5）重用回回人阿里、麦术丁理财

首先说阿里。阿里是回回人，曾是阿合马党羽，其理财能力得到忽必烈赏识。阿合马被杀后，他未被处刑，仍任右丞。御史台曾弹劾“阿里尝与阿合马同恶，论罪抵死，幸得原免，不当任以执政”。成宗即位后不久，中书省臣向成宗求情说：“阿里得罪之后，能自警省，乞令执政如故。”[③]求情者很可能就是掌握中书省大权的伯颜。大德六年（1302年），阿里调任江浙行省平章，专领该省财赋。

其次，成宗朝另一重要的回回人是麦术丁。麦术丁在忽必烈时历任中书参知政事、中书左丞、中书右丞、平章政事等职。元贞元年（1295年）五月，又加为平章政事。麦术丁与阿里一样，也有理财之能，不同的是，他不是阿合马的同党。

此外，成宗朝初期，中书省臣中还有回回人阿老瓦丁等人，他们掌握着中书省的实权，这是成宗朝回回人得势的一个时期。

（6）任用但不重用汉人

在成宗朝，汉人在中书省臣中处于弱势地位，其中汉人梁德珪还属于理财派。梁德珪，一名梁暗都剌，忽必烈朝末年，先任中书参知政事，再升中书左丞。成宗即位，梁德珪由中书左丞升中书右丞。大德二年（1298年），拜平章政事。他曾奉朝廷旨意学习“西域法”，也就是回回人的理财之术，对朝廷钱粮收支相当谙熟。梁德珪对中书政事也很干练，虽为汉人，实际上是理财派人物。

---

① 《元史》卷127，《伯颜传》。

② 《元史》卷18，《成宗本纪一》。

③ 《元史》卷18，《成宗本纪一》。

据《元史·宰相年表》，成宗朝汉人任宰相的除前述梁德珪外，还有段那海、何荣祖、张九思等十八人，但他们的任期大多比较短，有的任期仅一个月，而且大多是宰相中比较低的职务，右丞、左丞或参知政事，任平章政事的只有梁德珪和段那海。担任重要职务的汉人远较蒙古人、色目人少。元贞元年宰执十三人，分别为：

右丞相：完泽（蒙古人）
平章政事：赛典赤［即伯颜］（色目人）
　　帖可（色目人）
　　剌真（色目人）
　　麦术丁（色目人）
　　不忽木（色目人）
右丞：何荣祖（汉人）
　　阿里（色目人）
　　张九思（汉人）
左丞：梁暗都剌（即梁德珪，汉人）
　　杨炎龙（汉人）
参知政事：阿老瓦丁（色目人）
　　何玮（汉人）[①]

从总体上看，元成宗时的中枢机构是忽必烈晚年班底的延续，它体现了蒙古族、色目人、汉族几个统治集团之间关系的协调，体现了汉法派、回回法派与蒙古“国法派”的协调，蒙古族汉法派重臣决策，色目官员理财，汉族官员担任具体的行政职务或参知政事，从而形成了三族官员的联合专政，这是一个有利于多民族国家巩固和发展的政府，也是一个体现出守成特点的政治班底。

---

① 周良宵著：《元史》，上海人民出版社 2019 年版，第 622 页。

三、尊孔崇儒、倡导德治

尊孔崇儒、倡导德治可谓成宗君臣实行守成政治的基本指导思想。

中华民族的文化虽然多种多样，但儒学是其中的主体和核心。自汉武帝“罢黜百家，独尊儒术”以来，历代统治者服膺儒学，以此作为治国平天下的理论基础，即使入主中原的少数民族的统治者也对吸收、传播儒学采取了积极态度，儒学显示了旺盛的生命力。

从元太祖成吉思汗开始，蒙古统治者就初步认识到了儒学的作用，他倚之如左右手的谋士耶律楚材就是一个儒士。但成吉思汗戎马倥偬，在拔擢儒士上不可能有太大作为。元太宗窝阔台即位后，耶律楚材建议：“制器者必用良工，守成者必用儒臣。”[①]蒙古统治者从实践中认识到，没有儒士为之筹划，仅用弓马换来的天下，就有可能得而复失，为了维系人心，元太宗下诏以孔子五十一世孙元措袭封衍圣公，敕修孔子庙，并在俘虏中拔擢儒士，一部分儒士因此而避免了被屠戮的厄运。另外，元太宗通过科举考试，又使数千儒士得到任用。但真正大规模地任用儒士是在元世祖忽必烈时期。他在即位之前就留意延揽儒士，凡天下鸿才硕学，往往延聘，以备顾问，对于当时的名士，他都能屈指数之。中统元年（1260年），忽必烈即位后，大儒许衡就向忽必烈建议：“考之前代，北方之有中夏者，必行汉法，乃可长久。”[②]所谓汉法就是指以儒家思想作为治理国家的指导方针，这一建议为忽必烈所采纳。当时宋元战火正炽，忽必烈多次在军中搜求儒士，并蠲免徭役，同时又数遣使召遗老于四方，一时名儒耆宿纷至沓来，一批富有治国经验的儒士被派到了各个岗位上，因此才能出现中统、至元年间文化发展的局面。忽必烈之后，元成宗继续推崇儒学。[③]

---

① 《元史》卷146，《耶律楚材传》。

② 《元史》卷158，《许衡传》。

③ 参见郑师渠总主编，任崇岳主编：《中国文化通史》（六）辽西夏金元卷，中共中央党校出版社2000年版，第45—46页。

元成宗虽然没有任用汉族儒臣在中书省中担任要职，但为了争取他们的支持，在即位三个月后，他下诏崇奉孔子。对一些所谓“耆德旧臣”，他也能优加礼遇。王恽等七位翰林、王颐等七位集贤“清贫守职”，成宗特赏赐钞两千一百余锭。

至元三十一年（1294年）七月壬戌，元成宗初即位就“诏中外崇奉孔子”[①]，公开向天下臣民表示朝廷执行的是尊孔崇儒的政治路线。

大德六年（1302年）六月甲子，元成宗下诏“建文宣王庙于京师”[②]。这是有关元朝正式在大都建立孔庙的最早记载。四年后，孔子庙建成，行释奠礼，用太牢祭祀孔子，还命翰林院定乐名、乐章，以表示对儒学的尊崇。

元朝正式建立孔庙后，根据“左庙右学”的传统，元代的国子学又有了进一步发展。当时的儒学名臣、许衡的高足弟子耶律有尚长期担任国子祭酒，“五居国学，其立教以义理为本”，身为学者师表数十年，海内宗之，“儒学为之丕振”，其特点是“学崇正道，以经术为尊，以躬行为务”[③]，即宣扬程朱理学，用儒家义理派的主张培养人才，其“悉为成德达材之士”。这些人才逐步进入元朝各级政权机构，对成宗时期的政治产生了一定的影响。

在尊孔崇儒、倡导德治的指导思想下，成宗即位之初，屡颁诏减免赋税、救济灾荒、减轻百姓负担及与民休息的政策。对一些遭受兵灾、水灾、旱灾和地震的地区，时常给予放赈、减免赋税的照顾。其中规模较大的有元贞元年（1295年）下诏停止一切非急需的工程营建，免除本年五月以前积欠的钱粮。元贞二年（1296年），要求权贵豪绅交纳所隐匿的江南田租，以减轻小民负担。大德二年（1298年），因水旱成灾，下诏减免受灾郡县当年田租的十分之三，受灾严重地区全部减免，老弱残疾及人丁稀少的民户免除三年差税。同时，停止了当年的一切土木工程。与此同时，成宗还派使节巡视各地，了解民间疾苦。在减轻民众负担的同时，成宗也注意要求

---

① 《元史》卷18,《成宗本纪一》。

② 《元史》卷20,《成宗本纪三》。

③ ［明］冯从吾撰:《元儒考略》卷1,《耶律有尚》。

地方官员鼓励农桑，发展农业生产。

据《元典章·圣政卷》记载，元成宗明确要求各级官吏“爱恤元元”,“抚安百姓”；强调世祖朝“典章文物人备”，本朝事宜“都要依先皇帝累降圣旨条画施行”，如有涉及“民间利害”有需兴除者，由中书省商议，上报皇帝后方能执行，并再次申明了守成政治的基本方针。

四、西北平叛与用兵西南

元成宗最大的功绩，就是完成了元世祖忽必烈的遗愿，平息了西北方面的长期叛乱。

成宗即位，为长期处于对抗状态的西北局势带来了新的转机。成宗即位之初，在与西北诸王的争战中基本采取守势，以确保岭北地区不受叛王的骚扰。他以宁远王阔阔出和驸马阔里吉思镇守西北，备御海都、笃哇。海都、笃哇因其军内分裂，暂时也没有对元廷构成太大的威胁。

在“宽大”政策的感召下，元贞二年（1296年），海都大将药木忽儿等率部向元朝投降，这是元朝对西北叛藩的重大胜利。为庆祝这一胜利，成宗宣布将年号由“元贞”改元为“大德”。随着边境局势的缓和，负责金山沿边一线的宁远公阔阔出滋长了轻敌情绪，以为“往岁敌无冬至之警”，放松了对海都的防备。结果大德二年（1298年），笃哇、彻彻秃偷袭元军，阔阔出和钦察军将领床兀儿疏于防备，元军战败，阔里吉思被擒获。大德三年（1299年），成宗命其同母答刺麻八剌嫡长子海山赴漠北代宁远王阔阔出总兵北边。次年，海山军与海都军战于阔别列之地，击败海都。

海山出镇漠北后，成宗重新调整了边防部署。由于此时元朝对全国的统治已经稳固，在内部扫除帝位之争的阴影，在外部停止不义之征，故能集中全国上下的人力、物力，以加强对西北藩国的防备。当时漠北边防军实力较强，除有海山指挥的驻在称海沿边一线的政府军，由晋王甘麻剌所统领的漠北诸王所部军外，安西王阿难答也奉命北征，加入了对海都作战的漠北边防军行列。决定性的战役也即将来临。

大德五年（1301年）八月，两军又在迭怯里古交战，海都军溃。两天后，笃哇继至，与海都合军，元军失利。翌日，复交战，笃哇、海都战败逃遁。受了伤的海都不久死去，其子察八儿继立。长期战乱并没有给诸叛王带来利益。大德九年（1205年），笃哇、察八儿等遣使向海山请降，“诸王都哇、察八儿、明里帖木儿等相聚而谋曰：‘昔我太祖艰难以成帝业，奄有天下，我子孙乃弗克靖恭，以安享其成，连年构兵，以相残杀，是自隳祖宗之业也。今抚军镇边者，皆吾世祖之嫡孙，吾与谁争哉？且前与土土哈战，既弗能胜；今与其子床兀儿战，又无功，惟天、惟祖宗意可见矣！不若遣使请命罢兵，通一家之好，使吾士民老者得以养，少者得以长，伤残疲惫者得以休息，则亦无负太祖之所望于我子孙者矣’”[①]。元朝方面，也因长期在西北用兵，致使“人民困于转输，将士疲于讨伐”[②]，有息兵之意，成宗允其请，让海山设置驿传以通往来。

在外部压力减轻后不久，曾是同盟者的笃哇和察八儿之间为疆域问题发生冲突。在这次冲突中，元成宗支持笃哇。大德十年（1306年）秋季，元成宗派遣海山率领一支军队越过阿尔泰山南麓去支援笃哇。海山从背后向察八儿发起进攻，俘虏了察八儿家族的几个成员，并进至也儿的石河。察八儿别无选择，只得向笃哇投降。大德十一年（1307年），察八儿后被笃哇所废，他的幼弟养吉察儿被笃哇立为窝阔台汗国的傀儡汗。在这种环境的压迫下，察八儿于元武宗至大三年（1310年）向元廷投降，这标志着困扰了元廷近四十年的窝阔台汗国的完结。察合台汗国的笃哇及其继承者绝大多数承认元廷的宗主地位，持续地向大都派出贡使。此后元廷与察合台汗国之间除了1316年至1320年间的短暂冲突外都维持着和平关系。这样，忽必烈未能达到的确立元廷对整个蒙古世界的宗主地位的目标，终于在成宗朝后期与武宗至大年间得以实现。

成宗在对外军事上，没有像他祖父忽必烈那样穷兵黩武。他即位后，罢征安南，遣使安抚。大德二年（1298年），江浙行省平章政事也速答儿建议征伐日本，他以“今非其时”为由加以拒绝。大德三年（1299年），成宗派江浙佛教总统僧人宁一山

---

① 《元史》卷128，《床兀儿传》。

② 《元史》卷119，《博尔忽传》。

出使日本，恢复了两国间的正常贸易和文化往来。但是，成宗后期曾一度用兵西南。大德四年（1300年）五月，缅王的立普哇拿阿迪提牙为其弟阿散哥也等所杀，王子窟麻剌哥撒八逃至大都，元廷立窟麻剌哥撒八为缅国王，并遣军侵缅，问弑君之罪。八月缅国阿散吉牙等昆弟赴阙，自呈弑主之罪，元廷乃罢征缅之师。在征缅期间，“蛮贼与八百媳妇国（今泰国北部、缅甸东北部，国都在泰国清迈）通，其势张甚”[①]。在撤军时，又为金齿（今中国云南西部和缅甸腊戌一带）所遮，军士死伤甚众。此后，成宗决心停止对西南用兵。

虽然铁穆耳汗能够重建蒙古世界的和平，但是他没能保持自己家族和宫廷的融洽，亦不能使皇位继承平稳过渡。由于年轻时饮酒过度，铁穆耳晚年一直被重病所扰。大德十一年（1307年）正月，铁穆耳汗去世，终年四十一岁，没有明确的继承人，帝位继承问题还是没有解决，皇位之争随之发生，元朝的政局又处于动荡之中。

---

① 《元史》卷210,《外夷·缅》。

第六章　元武宗的短暂统治

武宗海山是成宗铁穆耳之侄，因为其父答剌麻八剌早逝，海山深受成宗怜爱与重用，即位前已多立战功，被封怀宁王，赐金印。在成宗唯一的儿子德寿夭折后，论功劳、论血统关系的亲疏，海山均有资格成为成宗的继位人，历史也验证了这一点。不过，海山接手的却是一个已经开始走下坡路的元王朝，他是多么想用新政来避免王朝的颓势、振兴祖先大业，但他面临的现实却是皇帝、皇太子、皇太后“三宫政治”的权力格局，加上他在位不过三年多就死去，他的新政事业结果可想而知。

一、成武授受之变

成宗铁穆耳在位时，汲取以前因不立皇储而导致争位的教训，于大德十年（1306年）六月将皇储之位传给他唯一的嫡子德寿，封德寿为皇太子。可是，同年十二月，德寿夭殇，成宗无嗣，皇位的继承权又成为一个悬而未决的问题。大德十一年（1307年）正月，成宗病故，而直到临死前，他也没有再将皇位的继承人确定，这就使朝中诸权贵为争夺皇位再次展开激烈的博弈。

是时，宫内掌握实权的是成宗皇后卜鲁罕，她在成宗末年已经控制了宫中大权并勾结左丞相阿忽台以及宰执伯颜、八都马辛等，立安西王阿难答为帝。这一阴谋主要是由朝中的色目官僚所策划。

当时，真金的后裔有系出其长子甘麻剌、嗣位为晋王的也孙铁木儿，他在出镇漠北。系出第二子答剌麻八剌的有长子魏王阿木哥，次子海山，三子爱育黎拔力八达。阿木哥妾出，按照蒙古儿子的身份随母决定的惯例，其身份自低。海山则封怀宁王，总兵漠北，爱育黎拔力八达随母答己留居大都。成宗立德寿为太子后，即出答己与爱育黎拔力八达于怀州（河南沁阳）。

在成宗死而乏嗣的情况下，阿忽台、伯颜等之所以与成宗皇后卜鲁罕结盟，舍真金诸孙而谋立藩王阿难答，和他们信奉伊斯兰教、拥有遍布在关中地区的大批穆斯林军民有关。这一图谋遭到了右丞相哈剌哈孙的抵制，他属意于答剌麻八剌二子海山和三子爱育黎拔力八达。双方进行了紧张的策划与较量。

以皇后卜鲁罕等为一方，他们召阿难答入京，封闭通往漠北的驿道，防止海山得到成宗已死的情报，图以卜鲁罕皇后摄事，谋集群臣廷议立阿难答。

朝臣中的另一方哈剌哈孙则利用右丞相与总领宿卫的有利地位，一方面“悉收京城百司符印，封府库，称疾卧阙下，内旨日数至，并不听，文书皆不署”[①]，另一方

---

① 《元史》卷136,《哈剌哈孙传》。

面，密遣使北迎海山，南迎爱育黎拔力八达。二月，爱育黎拔力八达偕其母答己返抵京城。

其时，朝局已经十分紧张。阿难答等已决定在三月三日假贺其生辰，因以举事。大宗正府扎鲁哈赤兼两城兵马都指挥使事阿沙不花说哈剌哈孙曰："先人者胜，后人者败。后一垂帘听政，我等皆受制于人矣，不若先事而起。"[①] 哈剌哈孙赞同。适爱育黎拔力八达遣其师傅李孟假冒医人往探哈剌哈孙，"长揖而坐，已而前引其手，诊其脉。"卜鲁罕皇后之党"众以为医，乃不疑之"。哈剌哈孙乃以阿难答等之阴谋相告，促爱育黎拔力八达先发制人。爱育黎拔力八达的左右多以"皇后深居九重，八玺在手，四卫之士，一呼而应者累万。安西王府中从者如林。殿下侍卫寡弱，不过数十人，兵仗不备，奋赤手而往，事未必济。不如静守，以俟阿合（蒙语意为兄，指海山）之至，然后图之，未晚也"[②]。李孟等力排众议，主张即日起事。于是，爱育黎拔力八达乃在三月二日上马，从臣皆步行，入自延春门。哈剌哈孙率宿卫士自东掖来会。至殿廊，召阿忽台等责以乱祖宗家法，悉收于都狱。爱育黎拔力八达权称监国，奉御玺北迎海山。

与此同时，海山也得到成宗已死、阿难答谋继大统的消息，三月，他自按台山返抵和林，集会诸王勋戚，然后分道南来。海山率大军由西道，按灰由中道，床兀儿由东道，各帅一万名劲卒震慑局势。由于答己惑于阴阳家之言，颇有意立爱育黎拔力八达为帝，海山闻之，深表不满，故迟延不进。答己与爱育黎拔力八达遣使疏通，具述推戴之意。五月，海山始进至上都，经过众王举行忽里勒台选汗，海山正式即位，尊答己为皇太后，立弟爱育黎拔力八达为皇太子。卜鲁罕皇后、亲王阿难答、明理铁木儿、左丞相阿忽台、平章八都马辛、前中书平章伯颜、中政院使怯烈、道兴等俱被处死。[③]

此次政变之所以能够成功，主要是因为如下几个因素：

其一，哈剌哈孙身兼怯薛长，执掌宫廷宿卫。他以宿卫宫廷之便，可以调集怯

① 《元史》卷 136,《阿沙不花传》。

② 《元史》卷 175,《李孟传》。

③ 参见周良宵著:《元史》，上海人民出版社 2019 年版，第 628—629 页。

薛精兵和宫门守卫充当内应。

其二，在“内难将作”的关键时刻，人心向背则起了决定作用。尽管从当时形势对比来看，成宗皇后卜鲁罕占有优势，但是，海山、爱育黎拔力八达兄弟为世祖忽必烈嫡传之曾孙，人心归向；而后党欲立阿难答，则是“欲立庶子”，“违弃祖训”，“天命人心，必皆弗与”[①]。因此，当哈剌哈孙率侍卫接应爱育黎拔力八达之军兵入宫时，宫中侍卫皆站在爱育黎拔力八达一方，无不听从其指挥。

其三，后党失去人心支持，还有一个不可忽视的宗教因素。阿难答是一个狂热的伊斯兰教徒。他在一个伊斯兰教徒家中成长，背诵过《古兰经》，经常礼拜、祈祷，他使依附于他的十五万蒙古军队的大部分士兵信奉了伊斯兰教。在阿难答的支持者中，至少可以肯定赛典赤伯颜是伊斯兰教教徒；阿难答与阿忽台等人也是以同教为纽带而走到一起的。因此，由于宗教的矛盾，在宫廷政变的关键时刻，宫中的文武大臣和侍卫也大都站在爱育黎拔力八达兄弟一方。

其四，爱育黎拔力八达、海山兄弟能够同仇敌忾、团结一致，这也是政变能够成功的重要因素。爱育黎拔力八达在宫廷政变取得成功后，没有听从众人的劝进，执意不肯即位，而是“克清宫禁，以迎大兄之至”[②]，遣使再至漠北，请拥有绝对军事力量的其兄海山南下继承皇帝之位。

在各方面条件皆已成熟的情况下，五月，怀宁王海山至上都。爱育黎拔力八达侍母来会。左右部诸王毕至。海山随即被拥戴为新皇帝，二十一日在上都即位，是为元武宗。

从表面上看，这场政变好像是皇后卜鲁罕企图控制朝政而与海山、爱育黎拔力八达二兄弟争夺权力的斗争，实则从统治集团内部而言，武宗之立是汉法派与色目派之间的一场政治较量，这场政治角逐是元成祖忽必烈后期以及元成宗铁穆耳统治时期色目人政治力量不断膨胀、与朝中蒙古、汉族官员矛盾激化的最终结果。

---

① 《元史》卷 175,《李孟传》。

② 《元史》卷 175,《李孟传》。

二、武宗朝的政治

元武宗即位后，立即颁布即位诏书说：

> 昔我太祖皇帝以武功定天下，世祖皇帝以文德洽海内，列圣相承，丕衍无疆之祚。朕自先朝，肃将天威，抚军朔方，殆将十年，亲御甲胄，力战却敌者屡矣。方诸藩内附，边事以宁，遽闻宫车晏驾，乃有宗室诸王、贵戚元勋相与定策于和林，咸以朕为世祖曾孙之嫡，裕宗正派之传，以功以贤，宜膺大宝。朕谦让未遑，至于再三。还至上都，宗亲大臣复请于朕。间者，奸臣乘隙，谋为不轨，赖祖宗之灵，母弟爱育黎拔力八达禀命太后，恭行天罚。内难既平，神器不可久虚，宗祧不可乏祀，合辞劝进，诚意益坚。朕勉徇舆情，于五月二十一日即皇帝位。任大守重，若涉渊冰。属嗣服之云初，其与民更始，可大赦天下。存恤征戍军士及供给繁重州郡，免上都、大都、隆兴差税三年，其余路分，量重轻优免。云南，八番、田杨地面，免差发一年。其积年逋欠者，蠲之；逃移复业者，免三年。被灾之处，山场湖泊课程，权且停罢，听贫民采取。站赤消乏者，优之。经过军马，勿得扰民。诸处铁冶，许诸人煽办。勉励学校，蠲儒户差役；存问鳏寡孤独。①

在这份诏书中，元武宗海山首先晓谕天下，说明他即位的合法性、合理性；其次宣示他要“与民更始”及他的一些执政思路。总的看来，武宗在短短的三年统治中，其施政轨迹主要表现如下：

1. 别具特色的皇太子制与“三公协和”怪象

海山即位，他的弟弟爱育黎拔力八达功劳最大。为了酬报爱育黎拔力八达的盖世之功，也大概是为了迎合群臣的意愿，元武宗在即位的第二个月即将其弟爱育黎

---

① 《元史》卷 22,《武宗本纪一》。

拔力八达立“为皇太子，受金宝”[①]。二人相约兄终弟及，叔侄相传，两家轮流据有帝位。这种颇有特点的皇位继承制度在中国封建社会历史上并不多见。

帝王将皇权传子是维持中国封建社会宗法制度的基本原则。王权传承在商朝时不太严格，有父死子继，也有兄终弟及，叔侄相传，结果曾导致“九世之乱”，到商朝后期实行的基本上是嫡长子继承制。从西周王朝开始，嫡长子继承制成为汉族历代王朝最高统治者权力交接的基本原则，特别是秦朝以后。只有在先帝无后的情况下才可能出现兄终弟及或叔侄相传的情况。被确定为皇位继承人的子侄称为“皇太子”；如果确定兄终弟及，准备继位的皇弟则称为皇太弟；如皇太子早死，也可以将太子之子定为继位人，称为“皇太孙”。

元武宗海山有子和世㻋，根据嫡长子继承制的原则，他应该立其子为皇太子。事实上，武宗后来确实也曾产生过这种想法，他在三宝奴等近臣的劝谏下曾经犹豫过，只是在康里脱脱的坚持下才没有改变皇太子的既定人选。

> 至大三年，尚书省立，迁右丞相。三宝奴等劝武宗立皇子为皇太子。脱脱方猎于柳林，遣使亟召之还。三宝奴曰：“建储议急，故相召耳。”脱脱惊曰：“何谓也？”曰：“皇子寖长，圣体近日倦勤，储副所宜早定。”脱脱曰：“国家大计，不可不慎。曩者太弟躬定大事，功在宗社，位居东宫，已有定命，自是兄弟叔侄世世相承，孰敢紊其序者！我辈臣子，于国宪章纵不能有所匡赞，何可隳其成。”三宝奴曰：“今日兄已授弟，后日叔当授侄，能保之乎？”脱脱曰：“在我不可渝，彼失其信，天实鉴之。”三宝奴虽不以为然，而莫能夺其议也。[②]

由上述史料可见，在至大三年（1310年），左丞相三宝奴等劝武宗立皇子为皇太子，武宗于是召康里脱脱商议，康里脱脱认为皇太弟爱育黎拔力八达有安定政权之功，而且已经居东宫太子之位，兄终弟及，叔侄世代相承，这才符合当初的授受之

---

① 《元史》卷24，《仁宗本纪一》。

② 《元史》卷138，《康里脱脱传》。

约，如果今日皇上改变成约授权皇子，谁能保证异日叔父授其侄乎？康里脱脱的意见客观上反映了当时大部分朝臣的意见，于是元武宗才决心继续确定其弟爱育黎拔力八达为皇位继承人。本来按照汉制，爱育黎拔力八达应被称呼为皇太弟，但因为武宗对汉制不甚了了，于是称自己的弟弟为皇太子，这在中国历史上也算是开了一个特例。

从忽必烈的真金太子起，元朝的皇太子并不像汉族王朝的皇太子那样只是作为“储君”，而不掌握国家的重大实际权力，元朝皇太子会出任中书令和枢密使，成为皇帝之下、拥有巨大权势的最高行政和军事长官，协助皇帝执政，同时培养其执政能力。这种制度的长处是可以使皇太子熟悉朝廷政事，受到实际锻炼，也可以防止大权旁落；但其弊端也很明显，即容易引起皇帝与皇太子的冲突，增加统治阶级内部的矛盾，加大朝局动荡的风险。

以忽必烈与真金皇太子的史实为例，当初真金皇太子英年早逝就是由于父子之间的矛盾导致的。忽必烈重用理财派，真金则重视汉法派，政见分歧不但是父子二人之间的事情，更是二人背后党派利益的博弈。理财派抓住汉法派要求忽必烈禅让皇权给真金的事情大做文章，父子之间的信任荡然无存。

元武宗立其弟为皇太子，同时任命其为中书令兼领枢密使，当尚书省成立后，又任命其为尚书令，爱育黎拔力八达成为一人之下、万人之上的实权人物，总揽全国的军事、民事和财政大权，太子府东宫成为与朝廷相对应的又一个新的政治中心，其中既有辅弼太子的宫师大府，又有负责保卫工作的亲卫军，还有负责后勤和日常事物的各个司、署，甚至还有供应皇太子生活所需的皇太子分地和典牧监，而太子宫的亲信则有权进入朝廷各部各司，充当太子的耳目和喉舌。

此外，除了皇太子一系外，皇太后也逐渐自成一系，同样也是有军、有权、有经济实力。为了保证皇太后各类活动所需，元武宗立兴圣宫江淮财赋总管府，以管理太后钱粮，并以兴圣宫鹰坊等户四千，分处辽阳等地，建万户府统领。

于是，武宗朝的政治就形成了这样一种奇怪的局面：皇帝主皇宫，皇太子主东宫，皇太后主兴圣宫，号称“三宫协和”，实际上逐步形成了三个相对独立的政治中心。皇帝圣旨、皇太后懿旨和太子令旨同时颁行，几乎具有相同的效力，因而武宗朝政治成为多头政治，而多头政治所带来的必然是朝政混乱欲失序，这是一条无法更改的历史铁律。

2. 对诸王勋旧滥肆封赏导致财政拮据

元武宗即位后，为安抚人心，一是按旧例对诸王勋旧滥肆颁赏忽里勒台银。和林之会，武宗对于附己的亲王勋旧本已进行了例行的封赏，但到上都即位时，又下诏："和林之会，国事方殷，已赐者，其再赐之。"单是这一次，赐给皇太后答己金二千七百两，银十二万九千二百两，钞一万锭，币帛二万二千二百八十匹；赐给皇太子爱育黎拔力八达之数亦如之。这就使大德以来本已捉襟见肘的财政更趋枯竭。武宗即位才及四月，中书省臣就告急说："帑藏空竭，常赋岁钞四百万锭，各省备用之外，入京师者二百八十万锭，常年所支止二百七十余万锭。自陛下即位以来，已支四百二十万锭，又应求而未支者一百万锭。"以致政府"财用不给"[①]。

滥赏、滥耗的同时，武宗还滥封、滥任。武宗时期，大行封赏。中书宰执增加到十数名，御史大夫四名，枢密院署事者多达三十余人。任官之滥，于此可见一斑。不单此也，马谋沙，角觝也，因屡胜而遥授平章；沙的、火失海牙、铁木儿不花均领优伶之官，亦并受平章；教瓦班，一个西番僧而授翰林承旨；李邦宁，宦竖也，竟得以司徒而兼相。武宗即位才三个月，内降旨与官者八百八十余人，他们都是隔越中书，自择名分，用人选法因此受到严重破坏，使得中书几乎形同虚设。这些做法都大大加深了至大年间政治的混乱与腐败。《元史》说武宗"封爵太盛而遥授之官众，锡赉太隆而泛赏之恩溥"[②]是有事实依据的。

3. 大兴土木

滥赏之外，大兴土木是元武宗的另一项巨额花费。武宗即位数月就在山西五台山寺院建佛阁，翌年正月调动军力一千五百人修建五台山佛寺。皇太子、皇太后也相继在五台山大造佛寺，皇太子为扩大佛寺面积花费钞一万零七百锭买百姓田

---

① 《元史》卷22，《武宗本纪一》。

② 《元史》卷23，《武宗本纪二》。

地，而皇太后则动用军力六千五百人供其役。建佛寺的花费主要来源于对冀宁（太原）、大同、保定、真定等路百姓的搜刮和武宗的赏赐。更大的工程是，武宗即位不久就在旺兀察都之地（今河北省张北县北）营建中都行宫，七月置行工部于旺兀察都，以管理行宫建设。至大元年（1308 年）正月、二月间命令枢密院发六卫军一万八千五百人、上都卫军三千人供旺兀察都建宫工役。武宗还为中央各高级官员营建私宅，所有这一切也都使本就拮据的财政雪上加霜。

4. 复立尚书省

为了挽救日趋崩溃的财政状况，至大二年（1309 年）七月，武宗袭用忽必烈时的故技，第三次设立尚书省，以乞台普济、脱虎脱为丞相，三宝奴、乐实为平章，保八为右丞，忙哥铁木儿为左丞，王罴为参知政事，刘楫授尚书左丞、商议尚书省事，以更新庶政，变易钞法。规定“旧事从中书，新政从尚书”[①]。改各地行中书省为行尚书省。并诏令以皇太子为尚书令；今后敕牒由尚书省给降，宣命仍委中书。中央行政大权实际上已全转属于尚书省。这次重设尚书省之议，本早在大德十一年（1307 年）九月武宗新立不久就已有任命，专以“分理财用”，旋因阿沙不花、孛罗铁木儿之反对而中辍。至是，复正式设立。九月，以尚书省条画诏天下。

尚书省复立的目的主要在于理财。它在存在一年多的时间内，所做的主要事情如下：

其一，改行至大银钞。至大二年（1309 年）九月，颁布至大银钞的诏书中规定：至大银钞二两至二厘，定为一十三等，至大银钞一两，准至元钞五贯、白银一两、赤金一钱。随路立平准行用库，买卖金银，倒换昏钞，中统交钞，诏书到日，限一百日尽数赴库倒换。茶、盐、酒、醋、商税诸色课程，如收至大银钞，以一当五。禁止金银私相买卖及海舶兴贩金、银、铜钱、绵丝、布帛下海。以至元钞输万亿库，销毁至元钞版。至大三年（1310 年）正月，又铸造铜钱行使，以历代铜钱与至大钱相参行用。大都设立资国院，山东等六省设立泉货监，管领铸钱事务。铜钱分至大

① 《元史》卷 23，《武宗本纪二》。

通宝和大元通宝两种，至大通宝一文准至大银钞一厘；大元通宝一文准至大通宝钱一十文。历代铜钱，悉依古例，与至大钱通用。至大三年（1310年）至大银钞的印行数为一百四十五万三百六十八锭。中统钞则明令废行。

其二，更定税课法。在铸造铜钱的同时，又定税课法以增加赋税收入。规定："诸色课程，并系大德十一年考较，定旧额、元增，总为正额，折至元钞作数。自至大三年为始恢办，余止以十分为率，增及三分以上为下酬，五分以上为中酬，七分以上为上酬；增及九分为最，不及三分为殿。"[①]这实际上是鼓励地方官吏，放手增征税钱。其余设制之可考者，如：定江南民"有岁收粮五万石以上者，令石输二升于官，仍质一子而军之"。增盐价每引为至大银钞四两。拘收所有赐田及官吏禄田还官，定流官封赠等第，等等。其后又增加盐课，盐价每引宜增为至大银钞四两。煮盐工本，增为至大银钞四钱。其中心还主要是试图缓解财政困难问题，只是没有达到目的。

5. 元武宗为政之"十谬九异"

至大三年（1310年）九月壬辰，监察御史张养浩上时政书，尖锐地指出：

> 陛下龙飞之始，诏中外一遵世祖皇帝旧制；而近年以来，稽厥庙谟，无一不与世祖异者。岂陛下欲自成一代之典，以祖宗为不必法欤？将臣下工为佞词，阴变之而陛下不知也？世祖时，官外者有田，今乃假禄米以夺之；世祖时，江南无质子，今乃入粟谷以诱之；世祖时，用人必循格，今乃破宪法以爵之；世祖时，守令三载一迁，今则限九年以困之；世祖时，楮币有常数，今则随所费以造之；世祖时，台省各异选，今则侵其官而代之；世祖时，墨敕在所禁，今则开幸门以纳之；世祖时，课额未尝添，今则设苛禁以括之；世祖时，言事者无罪，今则务锻炼以杀之。当国者奸谋诡计，谬论诈忠，以荧惑朝廷，欺天罔人，惟己是利，陛下信彼方深，任彼方笃。今天下藩镇无有，外敌无有，大盗窃发者无有，宦官作福者无有，女谒乱政者无有，然而所以未极于治者，良由

① 《元史》卷23，《武宗本纪二》。

任事之臣惟知曲意迎合，而不知进逆耳之忠言，惟务一切更张，而不知绳武祖宗，足以为法。[①]

在这份“上时政书”中，张养浩还列举了武宗政治的十大秕谬，今则姑举害政之太甚者十事为陛下言之：

一曰赏赐太侈。货财非经天降，皆世祖铢累寸积而致之，百姓罢精殚力而奉之。四方万里之外，穷乡陋邑，瘦魂嫠妇，发鹤于耕，手龟于织；采玉者蹑不测之渊，煎卤者抱无涯之苦。比至积微成巨，改朴以文，为功几许，为费几何，然后得入于官。水舸陆舆，兵民警卫，没则责偿于见官，坏则倍征于来者。其在下者有如是之难，苟因一笑之欢，一醉之适，不论有功无功，纷纭赐予，岂不灰民心，糜国力哉？

二曰刑禁太疏。法者，天下公器，将以威奸弼教也。比见近年臣有赃败，各以左右贿赂而免；民有贼杀，多以好事赦宥而原。加以三年之中，未尝一岁无赦。杀人者固已幸矣，其无辜而死者，冤孰伸耶？臣尝官县，见诏赦之后，罪囚之出，大或仇害事主，小或攘夺编氓，有朝蒙恩而夕被执，旦出禁而暮杀人，数四发之，未尝一正厥罪者；又有始焉鼠偷，终成狼虎之噬，远引虚攀，根连株逮，故蔓其狱，未及期岁，又复宥之。古之赦令出人不意；今诏稿未脱，奸民已群然诵之，乘隙投机，何事不有！以致为官者不知所畏，罪露则逃；为民者不知所忧，衅祸益炽；甚非导民以善之义。

三曰名爵太轻。陛下正位宸极，皇太子册号东宫以来，由大事初定，喜激于中，故左右之人，往往爵之太高，禄之太重，微至优伶、屠沽、僧道，有授左丞、平章、参政者。其他因修造而进秩，以技艺而得官，曰国公，曰司徒，曰丞相者，相望于朝。

自有国以来，名器之滥，无甚今日。夫爵禄，人君所以厉世磨钝。因一时

① ［清］毕沅撰：《续资治通鉴·元纪十五》。

之欢，加以极品之贵，则有功者必曰："吾艰苦如此而得之，彼优游如此而得之！"自今孰肯赴汤蹈火以徇国家之急哉！

四曰台纲太弱。御史台乃国家耳目所在，近年纲纪法度，废无一存。昔在先朝，虽掾吏之微，省亦未尝敢预其选；今台阁之官，皆从尚书省调之。夫选尉，所以捕盗也，尉虽不职，而使盗自选之，可乎？自古奸臣欲固结恩宠，移夺威权者，必先使台谏默然，乃行其志，臣不容不言于未然也。

五曰土木太盛。累年山东、河南诸郡，蝗、旱洊臻，郊关之外，十室九空，民之扶老携幼就食他所者，络绎道路，其他父子、兄弟、夫妇至相与鬻为食者，比比皆是。当此灾异之时，朝廷宜减膳、彻乐、去几、缓刑，停一应不切之役。今创城中都，崇建南寺，外则有五台增修之扰，内则有养老宫殿营造之劳，括匠调军，旁午州郡，或度辽伐木，或济江取材，蒙犯毒瘴，崩沦压溺而死者，无日无之；粮不实腹，衣不覆体，万目睊睊，无所控告，以致道上物故者，在所不免。以此疲氓，使佛见之，陛下知之，虽一日之工，亦所不忍。彼董役者惟知鞭扑趣成，邀功幸赏，因而盗匿公费，奚暇问国家之财诎，生民之力殚哉！

六曰号令太浮。近年朝廷用人，不察其行，不求诸公，纵意调罢，有若弈棋，其立法举政，亦莫不尔。虽制诰之下，未尝有旬月、期年而不变者；甚则朝出而夕改，甫行而即止，一人昉仕，而代者踵随，不惟取笑于一时，又贻口实于后世。庙堂之上，举措如此，则外方诸郡，事体可知。原其所以致此者，盖由执政褊心自用，恃宠大言，或急于迎合之私，或牵于好恶之过，轻率无谋，而徒为是纷扰也。

七曰幸门太多。比见天下邪巫、淫僧、庸医、谬卜、游食、末作，及因事亡命无赖之徒，往往依庇诸侯王、驸马为其腹心羽翼，无位者因之以求进，有罪者以之而祈免，出则假其势以凌人，更因其众以结党；入则离间宗戚，造构事端。啖以甘言，中以诡计，中材以下，鲜不为其所惑。近如库库楚，赖发觉之早，未及生变，岂可不为之寒心也哉！

八曰风俗太靡。风俗者，国家之元气也。方今之俗，以伪相高，以华相尚，以冰蘖为沽誉，以脂韦为达时，以吹毛求疵为异能，以走势趋炎为合变，顺己者虽跖、蹻而必用，逆己者虽夷、惠而莫容；自非确然有守，不顾一世非笑者出而正之，则未易善其后也。

九曰异端太横。今释、老二氏之徒，畜妻育子，饮醇啖腴，萃逋逃游惰之民，为暖衣饱食之计，使吾民日羸月瘠，曾不得糠粃以实腹，褴褛以盖体。今日诵《藏经》，明日排好事，今年造某殿，明岁构某宫，凡天下人迹所到，精蓝胜观，栋宇相望，使吾民穴居露处，曾不得茎芽撮土以覆顶托足。昔世祖尝欲沙汰天下僧道有室者，籍而民之，后夺于众多之口，寻复中止。臣尝略会国家经费，三分为率，僧居二焉。近者至大二年十一月，昊天寺无因而火，天意较然，可为明鉴。望自今谕诸省臣，凡天下有夫、有室、僧、尼、道士、女冠之流，移文括会，并勒为民，以竟世祖欲行未及之意。

十曰取相之术太宽。比闻中外皆曰，朝廷近年命相，多结宠入状以自求进。自古岂有入状而为宰相之理！望自今有大除拜，宜下群臣会议，惟人是论，毋以己所好恶、上所爱憎者以私去取。

养浩言切直，当国者不能容，遂除翰林待制，复构以罪，罢之，戒省台勿复用。养浩恐祸及，乃变姓名遁去。[1]

种种事实说明，元武宗的政治已全面脱出至元时期的轨道，走向衰败与黑暗。武宗本人，“惟麴蘖是沉，姬嫔是好”[2]。他的政权班底主要是一批骁勇的蒙古、色目将军及世臣子弟，政治与汉文化的修养普遍缺乏。

至大四年（1311 年）正月，武宗在大都病死，仁宗即位，元朝政治又进入一个新的阶段。

---

① ［清］毕沅撰：《续资治通鉴 · 元纪十五》。

② 《元史》卷 136，《阿沙不花传》。

第七章　仁宗的政治兴革

元仁宗爱育黎拔力八达是元朝少有的几个比较有作为的皇帝。即位之后，他重用儒臣，逐步革除武宗遗留下来的诸多弊政，孜孜求治，努力实行汉法，崇儒兴教，恢复科举，减免赋税，不喜征伐，不崇货利，社会稳定，列国服从，元朝政局一时大为改观。他对元朝的主要贡献是采纳汉族名臣的建议，恢复了科举制度，从他开始，程朱理学成为元、明、清三朝占统治地位的学说。但他对母后和权臣的让步，尤其是违背“叔侄相承”的皇位继承协议，改立自己的儿子为太子，导致了此后更为激烈的皇位之争，进一步造成了元朝中后期的政局混乱。

一、罢黜武宗旧臣、重用儒臣

至大四年（1311年）正月，元武宗海山病死。三月，他的弟弟爱育黎拔力八达以“皇太子”身份即位于大明殿，受诸王百官朝贺。这就是元仁宗。在即位诏书中，仁宗说：他本是顺宗之子，武宗同母弟，有削平内难之功，故而先帝“践阼曾未逾月，授以皇太子宝，领中书令、枢密使，百揆机务，听所总裁，于今五年”。先帝去世，勋戚元老都认为皇位继承既然已经有了成命，就不必再召开忽里勒台由宗亲大臣议立新君，而“当稽周、汉、晋、唐故事”[①]，直接由皇太子正位辰极，即位为皇帝。这是一次不同于前数代蒙古大汗的即位形式，它不是由忽里勒台推举，而是以皇太子身份在皇宫继位，受诸王百官朝贺。这是元朝皇帝第一次以纯汉制的形式登上皇帝的宝座，它标明蒙古贵族的汉化程度在一步步加深。

武宗去世的第三天，爱育黎拨力八达就对武宗朝的中枢机关和亲信旧臣采取了果断措施：罢尚书省；对丞相脱虎脱、三宝奴，平章乐实，右丞保八，左丞忙哥帖木儿，参政王罴等以“变乱旧章，流毒百姓”为名，予以逮捕审查；又过了三天，脱虎脱、三宝奴等被杀。“己亥，改行尚书省为行中书省”[②]，这等于是铲除武宗旧臣的一场政变，其行动之迅速可谓迅雷不及掩耳，态度之坚决也是出乎常人意料之外。当时爱育黎拔力八达曾经决定，“凡误国者欲悉按诛之”，即将所有与此有牵连的人物统统杀掉。后来因为有人提出，刚刚即位就大加杀戮不利于稳定政局。爱育黎拔力八达于是只杀了那些为首之人，将忙哥帖木儿等杖流海南。当时爱育黎拔力八达还没有即位称帝，他之所以能够撤销掌握全国行政、财经大权的尚书省，并对武宗时的实权派人物兴师问罪，主要是因为他是当时的皇太子，而且领尚书令、枢密使，也就是说他是武宗时最高的行政、军事长官。而与他站在一条战线上的则是中书右

---

① 《元史》卷24，《仁宗本纪一》。

② 《元史》卷24，《仁宗本纪一》。

丞相塔思不花、知枢密院事帖木儿不花，这是中书令之下分掌全国政事与军权的实权派人物。他惩办脱虎脱、三宝奴等人的罪名是说他们违背了忽必烈晚年以及元成宗以来所坚持的守成政治路线，导致了政局的混乱、民众的不满。但他并没有列举尚书省及脱虎脱等人的具体罪证。实际上，三宝奴等作为武宗的亲信，当初曾经建议不要立爱育黎拔力八达为皇位继承人，同时武宗上台后贬斥政权转移过程中立有大功的成宗朝旧臣哈剌哈孙及爱育黎拔力八达的老师李孟，也自然会引起爱育黎拔力八达及其坚持守成政治的蒙汉诸臣的不满。武宗海山与皇太子爱育黎拔力八达两个政治势力派系的斗争，使得仁宗上台后必然要调整武宗的人马并建立自己的政府班底。

元仁宗爱育黎拔力八达是忽必烈之后积极推行汉化的元代帝王。他年轻时跟随儒臣李孟学习汉文化，经常与李孟一起“讲论古先帝王得失成败，及君君臣臣父父子子之义。孟特善论事，忠爱恳恻，言之不厌，而治天下之大经大法，深切明白”[①]，从而使仁宗对以儒术治国的主张有着比较明确的认识。《元史》说仁宗“通达儒术，妙悟释典，尝曰：‘明心见性，佛教为深；修身治国，儒道为切。’”又说“儒者可尚，以能维持三纲五常之道也”[②]，这都证明元仁宗在尊崇儒术上走得较远。

元仁宗在行政用人方面重视任用儒臣与汉法派人物。武宗刚刚去世，仁宗即位之前，他在清除武宗旧臣同时，即下令召“谙知政务、素有声望的老臣平章程鹏飞、董士选，少子太傅李谦、少保张驴，右丞陈天祥、尚文、刘正，左丞郝天挺，中丞董士珍，太子宾客萧㪺、参政刘敏中、王思廉、韩从益，侍御赵君信，谦访使程钜夫，杭州路达鲁花赤阿合马，给传诣阙，同议庶务”[③]。这些人中，除阿合马外，均为汉人儒臣，其政治倾向不言而喻。这一举动本身就与其他大汗、皇帝上台前的举动大不相同。其他大汗、皇帝上台前都是召集诸王贵族大会（忽里勒台），商议

① 《元史》卷 175，《李孟传》。

② 《元史》卷 26，《仁宗本纪三》。

③ 《元史》卷 24，《仁宗本纪一》。

大汗的人选；而仁宗在此新旧交替的时刻请这些儒臣与个别色目老臣，“给传诣阙，同议庶务”，显然是就新旧交替之际的治国方针征求这些老臣的意见，明确地显示出他将要实行以儒术治国的倾向。武宗执政的班底被撤销，全国的政务必须有人处理，他在对太后让步、不得不任用铁木迭儿为中书省右丞相的同时，先后任命自己信任的太子詹事完泽、集贤大学士李孟并为平章政事，以审理脱虎脱案件的右丞相塔思不花及徽政院使沙沙并为御史大夫，以塔失帖木儿为知枢密院事。

在其即位诏书中，元仁宗强调了此次政治变动的深意是：“凡尚书省误国之臣，先已伏诛，同恶之徒，亦已放殛，百司庶政，悉归中书，命丞相铁木迭儿、平章政事李道复等从新拯治。”[①]即决心要从治国路线上改弦更张，从原尚书省脱虎脱等“误国之臣”的治国路线转移到以儒术为指导的汉化路线上来。

李道复即仁宗的老师李孟，在协助仁宗夺取政权的斗争中，是仁宗的核心智囊式人物，在仁宗即位、尚书省诸臣被处理之后，他就成为“从新拯治”新朝的核心重臣。就李孟的能力、见识和勋绩而言，在武宗朝他就应该受到重用，但为避免与武宗的矛盾，李孟主动隐退，直到当时的皇太子爱育黎拔力八达提醒后，武宗才派人将其找回，并特授其为荣禄大夫、中书平章。武宗曾对当时的宰执说：“此皇祖妣命为朕宾师者，宜速任之。”但在武宗朝李孟实际并未能发挥其作用。直到仁宗即位后，李孟才被“真拜中书平章政事，进阶光禄大夫”，仁宗曾对他说：“卿，朕之旧学，其尽心以辅朕之不及。”又说：“朕在位，必卿在中书，朕与卿相与终始。”[②]李孟感激仁宗的知遇之恩，努力以国事为己任，节制赐予，看重名爵，不乱授官职，检查宦官对经费的挥霍浪费，沙汰宿卫队伍的多余人员。贵戚近臣，都厌恶他妨碍了自己以权谋私，但却从心里信服其办事公正，找不到攻击他的把柄。这样，李孟成为仁宗朝举足轻重的代表性政治人物。

当时，佛道二教“设官统治”，权势足以与政府机构抗衡，不断“扰乱政事”。

---

① 《元史》卷 24，《仁宗本纪一》。

② 《元史》卷 175，《李孟传》。

李孟对仁宗说："人君之柄，在赏与刑，赏一善而天下劝，罚一恶而天下惩，柄乃不失。所施失当，不足劝惩，何以为治！僧、道士既为出世法，何用官府绳治！"于是建议罢僧道官，天下称快。政教分离还是政教合一，这是两条不同的治国路线。中国从西周以来一直实行政教分离，成吉思汗实际上也是主张政教分离。但随着历史的发展与各地不同的情况，有的汗国（如伊利汗国、钦察汗国）出现了政教合一的情况，元朝的吐蕃地区也实行政教合一。但其他地区一直是政教分离。佛、道官员"权抗有司，挠乱政事"①的确涉及"人君之柄"，即国家政权问题，李孟建议元仁宗解决这一问题，这对于加强元朝的统治是有利的。

元仁宗不仅重用李孟一人，还规定各相关部门都要任用儒者。就在元仁宗即位的第一年，完泽、李孟就曾建议说："方今进用儒者，而老成日以凋谢，四方儒士成才者，请擢任国学、翰林、秘书、太常或儒学提举等职，俾学者有所激劝。"元仁宗说："卿言是也。自今勿限资级，果才而贤，虽白身亦用之。"②在仁宗朝中书省的官员中，汉人、南人的数量不仅比武宗、成宗时有所增加，而且官位也有不少上升。比如先后被用作平章政事的汉人，除李孟外，尚有张闾、张珪、剧正、王毅、赵世荣等。王毅担任过中书左、右丞。另外做过左、右丞的汉人还有高昉。做过左丞的汉人有李士英、郭贯。高昉与郭贯也做过参知政事。其他担任参知政事的汉人还有贾钧、许师敬、薛处敬、赵世延、曹鼎、王桂、张思明等。以上用人情况表明，元仁宗的确是在重用儒臣，以儒术治天下。从这一点也可以说明他继承了忽必烈、真金用汉人、行汉法的传统。他曾对侍臣说："卿等以朕居帝位为安耶？朕惟太祖创业艰难，世祖混一疆宇，兢业守成，恒惧不能当天心，绳祖武，使万方百姓乐得其所，念虑在兹，卿等固不知也。"③

对翰林国史院中的大儒，元仁宗更是另眼相看。皇庆元年（1312年）正月壬戌，

---

① 《元史》卷175，《李孟传》。

② 《元史》卷24，《仁宗本纪一》。

③ ［清］毕沅撰：《续资治通鉴·元纪十八》。

元仁宗升翰林国史院之官品为从一品，并对丞相们说："翰林、集贤儒臣，朕自选用，汝等毋辄拟进。人言御史台任重，朕谓国史院尤重；御史台是一时公论，国史院实万世公论。"[①] 这一认识使其足以与前代名君相比肩。继承祖业，兢业守成，正是元仁宗重用儒臣及汉法派的思想基础。

当然，元朝毕竟是蒙古族统治下的多民族政权，因此在当时的中书省、枢密院、御史台出任右、左丞相、知枢密院事、御史大夫的人中多数还是蒙古族人，也有个别色目人。但从总体情况看，重用儒臣，兢业守成，蒙、汉、色目兼治天下，应该是元仁宗时期政治的主要特色。

二、改革弊政，限制蒙古贵族特权

元仁宗即位后，宣布与民更始，大力整顿武宗时期的弊政，先后采取了以下几方面的措施：

（1）停止营建中都（武宗在旺兀察都兴建中都城，城在今河北省张北县），还中都所占民田。

（2）罢五台行工部（负责在五台山营建佛寺者）。并从李孟之请，"凡营缮悉罢之"。

（3）裁省中书省之冗司，撤销中都留守司、泉府司等机关，裁定京朝诸司员数，并依至元三十年旧额。

（4）废除至大银钞。诏令罢资国院及各处泉货监提举司。听民间自便买卖铜器。尚书省已发各处至大钞本及至大铜钱，截日封贮；民间行使者，赴行用库倒换。中统钞照旧行用。[②]

元仁宗试图革除积存已久的政治陋习，《新元史》比较完整地记载了仁宗的施政

---

① 《元史》卷 24，《仁宗本纪一》。

② 参见周良宵著：《元史》，上海人民出版社 2019 年版，第 633 页。

举措：

> 其可为法程拯民者，具如左方：一，凡制诏、号令、钱粮、选法、刑名，一切政务，并从中书省闻奏、区处，敢有擅自奏请者，以违制论；一，内外百司，其清慎公勤五事备具者，优加迁擢，有贪污败事者，陈告得实，依条断罪；一，庶事更张，图治伊始，式遵世祖皇帝成宪，仰中书省参酌举行；一，凡言军民利病政事得失，有可采者，量加旌擢，如不可采，亦无罪谴；一，仰提调官申明累降条画，劝课农桑，经过军马及昔宝赤、探马赤等，毋得索取饮食刍藁，纵放头匹；一，康里军卫已罢，上项屯军悉听放还，其各处军马阵亡病死者常例存恤外，各加一半，云南等处新附汉军每名给布一匹；一，各投下、诸色人等不得擅招户计，诱占奴婢，违者治罪；一，站赤消乏，除海青外，应进献鹰犬，并令止罢，毋给诸王驸马投下及各衙门铺马；一，陈献地土及山场窑治之人，并行治罪；一，比者宝合丁、乞儿八答私买所盗内府宝带，既已伏诛，今后得似前申献；一，民间和雇和买、一切难泛差役，除军人并大都至上都自备站户外，其余不论是何户计，一体均当；一，恢办商税、课租，亲遵旧制，法外多取及期盗入已者，依例究治；一，营筑中都，已令停罢，其余不急之役，截日停止；一，鳏寡孤独、废疾无恤者，除常例外，每人给至元钞一贯；一，名山大川、圣帝明王、忠臣烈士，凡在祀典者次第加封。除常祀外，主者施行；一、韩脱因不花、唐华、郑阿思兰等已经昭雪，元没资产悉还本家，今后内外重囚，省部再三详谳。方许奏准；一，比年诏赦频数，吏贪民盗，不知儆畏，自今以始，其各洗心节虑，以保厥身，非常之恩，不可再觊。於戏！凡我有官君子，皆古所谓治天职、食天禄者，宜一心力，钦乃有司。无替朕命。①

元仁宗还限制蒙古贵族的特权。自大德以来，官爵封赏十分泛滥，朝中诸司也改升品级。仁宗规定百司改升品级者，完全恢复到元世祖忽必烈至元年间的水平，

---

① 《新元史》卷16,《仁宗本纪上》。

并要太府监节制封赏。他谕太府监臣曰："财用足，则可以养万民，给军旅，自今虽一缯之微，不言于朕，毋辄与人。"对于诸王特权，他也试图抑制。"至大元年七月，帝谕詹事曲出曰：'汝旧事吾，其与同僚协议，务遵法度，凡世祖所未尝行及典故所无者，慎勿行。'"[①] 仁宗即位当年，即罢诸王断事官，所部蒙古人犯法，不再由断事官审理，而是交由所隶千户处理。他还规定，诸王在领地内只能辟任副达鲁花赤，正达鲁花赤要由中书省任命的流官担任。

三、崇儒学、兴科举

崇儒学、兴科举，是元仁宗对元朝人才培养与选举制度的重大改革，也是他行汉法、兢业守成的一项重大政治举措。

元朝皇帝对孔子地位与儒学重要性的认识是逐步加深的。从忽必烈被尊为"儒教大宗师"，重儒术、用汉法以来，其间虽然有多次反复，但儒学在元朝的地位还是被逐步确立了起来。忽必烈去世后，元成宗曾公开颁发诏书要求中外尊奉孔子。在身为皇太子的爱育黎拔力八达的影响下，元武宗时曾加封孔子为"大成至圣文宣王"，虽然武宗本人没有尊孔的进一步举措，但这毕竟是历代王朝加封孔子的最高封号。至大四年（1311 年）闰七月，元仁宗"命国子祭酒刘赓诣曲阜，以太牢祭孔子"。皇庆二年（1313 年）五月，元仁宗又"以宋儒周敦颐、程颢、颢弟颐、张载、邵雍、司马光、朱熹、张栻、吕祖谦及故中书左丞许衡从祀孔子庙廷"[②]。在元朝帝王汉化的道路上，元仁宗应该是走的最远的一人。在对尊孔崇儒与治理国家关系的认识上，元仁宗也是元朝帝王中认识最深刻的一位。

元仁宗非常重视对汉文化的学习与传播。早在为皇太子时，他就先后令臣下将《大学衍义》《图象孝经》《列女传》等翻译成蒙文，令蒙古人、色目人学习运用。他

---

① 《元史》卷 24，《仁宗本纪一》。

② 《元史》卷 24，《仁宗本纪一》。

说《贞观政要》有益于国家，《资治通鉴》载前代兴亡治乱，要求“译以国语刊行，俾蒙古、色目人诵习之”[①]。

元仁宗也丨分重视国了学的恢复与发展。在他即位前 个月，以自己的老师、当时名闻天下的儒家学者李孟“领国子监学”，这本身就反映了他对儒学教育的高度重视。元仁宗还根据集贤学士赵孟頫、礼部尚书元明善的建议，重新制定了“国子学贡试之法”，元代的学校制度逐步趋于定型。此后，又任命汉人儒者、中书省官员张珪、许师敬、赵世延等先后“纲领国子学”。

在元朝初年，许衡三任祭酒，奠定了元朝国子学的基础，使朱熹学说逐步普及，并在元代定于一尊。他是元代朱熹道统的继承者和捍卫者。至元代中期，吴澄成为著名的儒家教育家，时人号称“南吴北许”。

吴澄是朱熹的再传弟子，自称其学为朱子之学，但他又不偏执于一家，对陆九渊的“本心”之说也十分赞赏，极力调和朱、陆两家学说，称“二师之为教一也”，反对持门户之见，在元代理学中也占有很高的地位。

以上情况说明，元代儒学教育的恢复到仁宗时已经达到相当的规模，在文化普及以及政权建设中发挥了较大作用。

从元世祖即位称帝的中统元年（1260 年）到元仁宗皇庆二年（1313 年），元朝建国 54 年后才正式决定实行科举制度，这说明元代的数代帝王并没有真正认识到实行科举对于巩固元朝政权的巨大作用。而在仁宗朝之所以能恢复科举，则与元仁宗本人对科举的认识，以及李孟等儒臣积极的推动密切相关。

> 初，世祖、成宗皆尝议定科举制而未及行，至是帝与李孟论用人之方，孟曰：“人材所出，固非一途。然汉、唐、宋、金，科举得人为盛。今欲兴天下之贤能，如以科举取之，犹胜于多门而进。然必先德行经术而后文辞，乃可得真材也。”帝深然其言，决意行之。冬，十月，丁卯，敕中书省议行科举。[②]

---

① 《钦定续通志》卷 64，《元纪八》。

② ［清］毕沅撰：《续资治通鉴·元纪十六》。

根据上述资料，李孟在仁宗朝的最大贡献应是推动元仁宗爱育黎拔力八达实行科举制度。他提出恢复汉、唐、宋、金所实行的科举制度，主张将“德行经术”放在“文辞”前面，认为这样才能得到真正的人才。李孟的建议得到了元仁宗的大力支持，于是元仁宗在皇庆二年（1313年）十一月甲辰颁诏天下，决定于皇庆三年八月举行乡试，四年二月会试京师，“中选者亲试于廷，赐及第出身有差”。元仁宗为此对侍臣说：“朕所愿者，安百姓以图至治，然匪用儒士，何以致此。设科取士，庶几得真儒之用，而治道可兴也。”[①]第一次科举，元仁宗以李孟、张养浩为主考官，廷策进士以李孟为监试官，这是对李孟的极大尊重。

元仁宗所施行的科举制度，并不完全沿用唐、宋、金科举旧法，而是在理学导向下选拔人才，考试内容中取消了词赋，强化了经学与策问，《大学》《中庸》《论语》《孟子》“四书”成为基本内容，答案以朱熹《四书集注》为准。这对明、清的科举制度影响颇大。

在考试录用方面，元仁宗所施行的办法也与前代不同。其科举仍分三级：乡试（行省考试）、会试（礼部考试）和御试（殿试）。但考试时按照不同等级分开考试。蒙古人、色目人只考两场，且考试内容比较容易；汉人和南人要考三场，考试内容较难。考中以后，分左、右两榜张贴公布。蒙古人尚右，自然蒙古人、色目人名列右榜；汉人、南人另立左榜。两榜录用名额相同，但派起官来，蒙古进士要高色目人一等，色目人又比汉人、南人高一等。从这一点看，仁宗的汉化政策仍没有跳出民族的狭隘樊篱。[②]

元仁宗开科取士，是元朝治理史上一个重要的转折点。

元朝的科举从元仁宗延祐元年（1314年）开始正式举行乡试，延祐二年（1315年）举行会试，元顺帝时蒙吉贵族伯颜等掌权，曾停科举十年，后又举行，一共

---

① 《元史》卷24，《仁宗本纪一》。

② 参见齐涛主编，张金铣、赵文坦、齐涛著：《中国政治通史》第七卷《恢宏与草昧的元朝政治》，泰山出版社2003年版，第332—333页。

举行了十六次。以三年一次计，仅占四十八年，不到元朝存在时间的二分之一。取士人数每次多者不足一百人，如延祐二年（1315年）只取五十六人，至治元年（1321年）取六十四人，泰定元年（1324年）取八十六人，泰定四年（1327年）取八十六人，天历三年（1330年）最多，取士九十七人。汉人、南人由科举进入仕途的数目就更小了。元朝有“九儒十丐”的说法，人分十等，儒生被排在第九位，只比乞丐的处境好一些。这种说法虽然过分，但在元朝知识分子社会地位、政治地位不高却是一个不容否认的事实。从某种意义上可以说，元朝的短命与迟到的科举制以及当时的用人格局有着一定的关系。[①]

四、整理田籍

南宋时期，江南地区的田籍就已经相当混乱，或有田而隐漏田赋，或田产已去而赋税仍存。这种情况造成农村赋役不均，而且也影响到政府的财政收入。入元以后，兼并之风更盛。军将、官僚、寺院及豪富大肆侵占田地。江淮地区，元初以免税相优惠，招诱百姓垦荒，在取得成效后，括地征税。《元史·食货志》经理篇说：

> 经界废而后有经理，鲁之履亩，汉之核田，皆其制也。夫民之强者田多而税少，弱者产去而税存，非经理固无以去其害；然经理之制，苟有不善，则其害又将有甚焉者矣。
>
> 仁宗延祐元年，平章章闾言：“经理大事，世祖已尝行之，但其间欺隐尚多，未能尽实。以熟田为荒地者有之，惧差而析户者有之，富民买贫民田而仍其旧名输税者亦有之。由是岁入不增，小民告病。若行经理之法，俾有田之家，及各位下、寺观、学校、财赋等田，一切从实自首，庶

① 参见朱耀廷著：《蒙元帝国》，人民出版社2010年版，第223页。

几税入无隐，差徭亦均。”于是遣官经理。以章闾等往江浙，尚书你咱马丁等往江西，左丞陈士英等往河南，仍命行御史台分台镇遏，枢密院以军防护焉。

其法先期揭榜示民，限四十日，以其家所有田，自实于官。或以熟为荒，以田为荡，或隐占逃亡之产，或盗官田为民田，指民田为官田，及僧道以田作弊者，并许诸人首告。十亩以下，其田主及管干佃户皆杖七十七。二十亩以下，加一等。一百亩以下，一百七；以上，流窜北边，所隐田没官。郡县正官不为查勘，致有脱漏者，量事论罪，重者除名。此其大略也。

然期限猝迫，贪刻用事，富民黠吏，并缘为奸，以无为有，虚具于籍者，往往有之。于是人不聊生，盗贼并起，其弊反有甚于前者。仁宗知之，明年，遂下诏免三省自实田租。二年，时汴梁路总管塔海亦言其弊，于是命河南自实田，自延祐五年为始，每亩止科其半，汴梁路凡减二十二万余石。至泰定、天历之初，又尽革虚增之数，民始获安。今取其数之可考者，列于后云：

河南省，总计官民荒熟田一百一十八万七百六十九顷。

江西省，总计官民荒熟田四十七万四千六百九十三顷。

江浙省，总计官民荒熟田九十九万五千八十一顷。

根据上述史料，延祐元年（1314年）十月，仁宗接受平章章闾（张驴）的建议：分遣章闾等前往江浙，尚书你咱马丁等前往江西，左丞陈士英等前往河南，令民自实田土。奉行的官吏追求数额，“辄以经理为名，惟欲扰害其众，名曰自实田粮，实是强行科敛”[1]。“有司绳以峻法，民多虚报以塞命。其后差税无所于征，民多逃窜流移者。”[2]因为“期限猝迫，贪刻用事，富民黠吏，并缘为奸，以无为有，虚具于籍者，往往有之”，导致“人不聊生，盗贼并起，其弊反有甚于前者”。翌年，便引发了江

---

① ［元］苏天爵撰：《滋溪文稿》卷26，《灾异建白十事》。

② 《元史》卷122，《塔海传》。

西蔡五九聚众反抗之变。御史台臣奏请罢经理及冒括田租。元仁宗立即下诏停止经理。经过这次经理，河南官民荒熟田约一百一十八万顷，江西约四十七万顷，江浙约九十九万顷。因为效果太差，仁宗下诏免三省自实田租。自延祐五年（1318 年）起，对河南自实田每亩只科其半，仅汴梁一路即减去二十二万余石。然一些地区的虚增之数一直令民包纳，直到泰定、天历之初，始尽革虚增之数，“延祐经理”以失败告终。

五、察合台汗国的臣附

元朝边疆形势，以西北地区最为谲诡多变。

在成吉思汗晚年的分封中，其次子察合台的封地东至伊犁河流域，西至撒玛尔罕与布哈拉等地，南面包括今南疆焉耆以西的整个地区。其三子窝阔台的封地则包括今塔城、阿勒泰地区及其以西、以北地区。高昌的畏兀儿亦都护，由于最先归附蒙古，受到成吉思汗的特别优待，被准许“仍领其地及部民”。蒙哥即大汗位后，为加强蒙古汗廷在这一带的统治，采取强干弱枝的办法，一方面抑制与削弱察合台系与窝阔台系诸宗王的势力，一方面进行行政建置，在西域阿姆河等处设立行尚书省，以阿儿浑主之，设立别失八里等处行尚书省，以讷怀、塔剌海、马速忽主之。通过行尚书省，来分别管理河中地区与忽炭、可失哈耳、畏兀儿等地区。十三世纪六十年代，大蒙古国西部的蒙古宗王乘忽必烈与阿里不哥争夺帝位之机发展成为强大的割据势力。[①] 窝阔台后王海都联合察合台后王笃哇等以武力与忽必烈相对抗。西北诸王之乱，从元世祖忽必烈起一直延续了四十余年，西北诸王不断与元廷在军事上发生摩擦，这一情况至元成宗大德年间才发生转机。

元成宗铁穆耳末年，西北诸王请命罢兵，“通一家之好”。武宗海山即位后，建立了和林行中书省，以加强对漠北地区的统治。至大元年（1308 年），察合台汗宽阇

① 参见马大正著：《中国边疆治理通论》，湖南人民出版社 2015 年版，第 121 页。

遣使至京，修藩臣之礼。这以后，察合台汗频年入贡，元廷亦厚予赏赐。从元仁宗开始，终元一代，再没有发生察合台汗公开称叛于元朝的事件。①

从元仁宗统治时期的政局来看，朝中大致可分为三大政治集团：

其一是投下贵族集团。这些世袭蒙古贵族虽然不一定直接在中央王朝任职，但在其领地内却自成体系，不受地方政府管辖；而且这些贵族的所有事务都由内八府单独办理，中书省无权干预。但他们却可以派出代表参决中书政治，而且那些职级较高的中书省断事官多是诸王投下的代表，至于统管投下诸种公事的大宗正府更是以诸王为府长。诸王的政治影响还表现在对新帝的推立上。尽管忽必烈时代便改变了传统的推举选汗办法，采用了预立皇太子制，但旧制的影响犹在，无论是太子之立，还是新帝即位，实际上都要得到多数王公的认可；而且元朝并未确定嫡系继承法，兄终弟及甚至从旁系诸王中拥立为帝也都是可能的，因此，诸王的政治影响力也就不言而喻。

其二是太后集团。在元朝政治中，太后临朝或皇后干政比较普遍。仁宗母后答己出身于与皇室有世姻关系的弘吉剌部，其本人又长于权术，政治野心颇大。她一方面可以通过宣徽院与徽政院直接干政，另一方面则通过朝中亲信左右朝政。她在朝中最为信任者是铁木迭儿。铁木迭儿出身蒙古贵族，任宣徽使时便深得答己信任，后出任云南行省左丞相。武宗死后，仁宗尚未即位之时，答己就将铁木迭儿召回，任命其为中书省右丞相，主持中书省事务。

其三是以仁宗为首的帝党集团，也就是汉法派政治集团。除李孟外，还有两位平章政事：张珪与契丹人萧拜住，以及御史台的多数官员。

从三大集团的力量对比看，汉法集团虽有仁宗的支持，但并未占据真正的优势。仁宗推行新政的过程中，不断遭到投下贵族集团与太后集团的掣肘和抵制。②

---

① 参见周良宵著：《元史》，上海人民出版社 2019 年版，第 635 页。

② 参见齐涛主编，张金铣、赵文坦、齐涛著：《中国政治通史》第七卷《恢宏与草昧的元朝政治》，泰山出版社 2003 年版，第 334—335 页。

按照武宗所订皇位在兄弟、叔侄之间转相承继的协议，仁宗应该以武宗子和世球为继承人。然仁宗在太后答己的支持下违背成议，封和世球为周王，出镇云南，而立己子硕德八剌为皇太子。和世球在延祐三年冬（1316年）奉旨出镇云南，途经延安，藩府近臣秃忽鲁、尚家奴、教化、孛罗及一些来会的武宗旧部厘日、沙不丁、哈八儿秃等都为仁宗破坏原约而愤愤不平，遂与陕西行省丞相阿思罕、平章政事塔察儿、行台御史大夫脱里伯等举兵叛乱，失败后和世球被迫远走阿尔泰山以西，依察合台诸后王而居，仁宗亦无暇追究。

元仁宗的政治兴革也遭到了以皇太后答己为首的守旧贵族势力的反对。守旧派贵族官僚以答己为后台，浊乱朝政。权臣铁木迭儿长期占据中书右丞相的要职，"怙势贪虐，凶秽滋甚"。内外监察御史四十余人共劾其"桀黠奸贪，阴贼险狠，蒙上罔下，蠹政害民，布置爪牙，威摄朝野，凡可以诬陷善人、要功利己者，靡所不至"[①]。仁宗下旨逮问，帖木迭儿便逃避于皇太后近侍之家，有司欲捕不得。仁宗碍于皇太后，仅罢相了事；不逾年又起为太子太师。御史群起论其不法，不可辅导东宫，亦无结果。

延祐七年（1320年）正月，元仁宗遽逝，终年三十五岁，他"孜孜为治，一遵世祖之成宪"[②]，一手开启了元朝科举取士的开端，并努力推行汉化政策，但因为蒙古与色目守旧贵族集团的强大和对既得利益的维护，他的新政注定只能是昙花一现。

---

① 《元史》卷205，《铁木迭儿传》。

② 《元史》卷26，《仁宗本纪三》。

第八章　英宗改革与南坡之变

英宗硕德八剌是仁宗爱育黎拔力八达的嫡长子，十四岁立为皇太子，十八岁即皇帝位，二十一岁在南坡之变中被叛党弑杀。在近三年的短暂统治期间，英宗推行新政改革，振立纪纲，修举废坠，裁不急之务，以进贤退不肖为急务，加惠兵民，轻徭薄敛，核心是继承元世祖忽必烈以来元廷“行汉法”的治理措施，企图以此开创一个继承世祖业绩、创造天下太平、国富民足的政治局面。可惜因为政变被弑，他的新政实践被迫匆匆中断。

一、英宗与答己的权力之争

延祐七年（1320年）正月，仁宗病卒。答己在硕德八剌尚未正式登基前，便以太皇太后尊制任铁木迭儿为中书省右丞相。铁木迭儿复相后，立即召回故旧，剿除仁宗旧人。木八剌、赵世荣、黑驴等后宫党人都调入中书省；曾率众御史弹劾过铁木迭儿的四川行省平章政事赵世延被捕入京狱；御史大夫脱欢被罢为集贤大学士；李孟被剥夺秦国公之爵；杨朵儿只、萧拜住则以违太后旨之罪被诛杀。面对这一系列人事变故，不足二十岁的硕德八剌曾直面抗争。在杨朵儿只、萧拜住被杀后，徽政院使失列门曾向硕德八剌传递太后之旨，要更换一批朝官，硕德八剌阻止了此事。他说："此岂除官时耶？且先帝旧臣，岂宜轻动。俟予即位，议于宗亲、元老，贤者任之，邪者黜之可也。"[①] 这位年轻的皇太子自幼生长于深宫，深受其父仁宗皇帝及其周围儒臣的影响，他很想继续其父皇的汉法政治，但深居宫中使他缺少辅弼与外援，连其妻兄铁失也是铁木迭儿的亲信。在这种形势下，英宗即位后便采取了韬光养晦之策，他不再与答己、铁木迭儿集团正面对峙，而是培植势力，等待时机来改变朝中的权力格局。

为遏制太皇太后和铁木迭儿的权力扩张，即位之初，英宗将铁木迭儿晋为开府仪同三司、上柱国、太师，使其高高在上，位极人臣；又将中书平章政事李孟降为集贤侍讲学士；并诏告天下，不得妄议铁木迭儿；与之同时，他任命太常礼仪院使拜住为中书平章政事，不久，升任中书左丞相。拜住此时二十二岁，他是成吉思汗时大将木华黎之后，其祖父是忽必烈时的名相安童，同时，五年的太常礼仪使任职使他与儒士们有较多的联系。英宗大概是看中了拜住在蒙古贵族与汉族儒士中的双重影响而将他引为辅臣的。这样，英宗和拜住结成青年联盟，力图从不同方面限制权臣铁木迭儿的影响。

---

① 《元史》卷27，《英宗本纪一》。

两个政治集团在英宗即位后仅两个月就发生了激烈的冲突。拜住为相不久，有人告发阿散、黑驴、失列门、亦列失八等人图谋废立，这几位都是铁木迭儿的亲信。拜住请求拘捕讯问，但英宗却说："彼若借太皇太后为词，奈何？"遂当即"命悉诛之，籍其家"。亦列失八之子、江浙行省平章政事买驴也被拘捕，此人也是铁木迭儿的爪牙。耐人寻味的是，英宗将籍没的这些人的家产又转赐给了铁木迭儿等人，使其有苦难言。时隔两月后的八月戊午，铁木迭儿奏请英宗，要以"不敬"罪诛杀赵世延，并追究中书省、御史台的相关大臣。对此，英宗不置可否，采取了拖延之法。他曾不无自得地对近臣说："顷铁木迭儿必欲置赵世延于死地，朕素闻其忠良，故每奏不纳。"①

尽管如此，铁木迭儿在朝中依然势焰熏天。至治元年（1321 年），铁失被任命为御史大夫，领忠翊侍卫亲军都指挥使；次年春，铁木迭儿之子班丹被任命为知枢密院事。这样，从中书省到御史台、枢密院以至亲卫禁军，都掌握在铁木迭儿及其党羽手中。幸好这一阶段为时不久。至治二年（1322 年）八、九月间，铁木迭儿与答己相继去世。十月，英宗即任命拜住为右丞相，张珪、王结等一批儒臣也重被召用，仁宗时的许多政策又被重新推行。英宗利用掌权之机，开始大张旗鼓地推行他的新政政策。

二、至治年间的改革

英宗新政历时仅十个月，从至治二年（1322 年）十月到至治三年（1323 年）八月。其内容主要有：

其一，启用宿儒旧臣赞襄政务。为了弥补自己因年轻缺乏治国经验的不足，对抗蒙古、色目守旧贵族势力的反击以及适应新政的需要，英宗大批起用遭受铁木迭儿排挤打击的先朝致仕老臣和汉族官僚，力图振兴政事。最明显的例子便是拜住任

---

① 《元史》卷 27，《英宗本纪一》。

右丞相后，首荐“四世旧臣”张珪，并向他请教“宰相之体何先”等问题。至治二年（1322年）冬，起张珪为集贤大学士，继又拜中书平章政事。自此以后，拜住大事“召用致仕老臣，优其禄秩，议事中书。不次用才，唯恐少后，日以进贤退不肖为重务”①。

其二，重用拜住。“不置左相，独任以政。”②在拜住的协助下实施了一系列新政措施。

其三，精简机构，减少冗官冗职。鉴于忽必烈以来日积月增、泛滥成灾的冗官冗职，为了节省开支，摆脱财政困难，元英宗决定大刀阔斧地裁减冗员，降低官阶。至治二年（1322年）十一月，开始“罢世祖以后冗置官”。至治三年（1323年）二月，“罢徽政院总管府三：都总管府隶有司，怯怜口及人匠总管府隶陕西行中书省”。不久，又“罢称海宣慰司及万户府，改立屯田总管府”③。此外，英宗还锐然减罢崇祥、寿福院之属十有三署，徽政院断事官、江淮财赋之属六十余署。不仅如此，英宗下令将太常礼仪院、通政院、都护府、崇福司降为从二品，将国子监、都水监、尚乘寺、光禄寺降为从三品，将给事中、阑遗监、尚舍监、司天监降为正四品。与此相关的官员和俸禄也递降一级。此外，还裁减了一些徒有虚名的行政机构和不称职的官员。

其四，行助役法。针对当时“水旱相仍，民不聊生”的社会状况，为缓和阶级矛盾，至治三年（1323年）四月己卯，在中书省集议的基础上，元英宗“诏行助役法，遣使考视税籍高下，出田若干亩，使应役之人更掌之，收其岁入以助役费，官不得与”④。根据这种方法，民众仅需要按资产多少各出一定比例的土地，以土地的出产补贴应役者，就不用亲身服劳役，从而减轻了农民的负担，同时减少并降低了官员干预以及借机盘剥百姓的可能性。这种旨在减轻小土地所有者的差役负担的助役粮法，

---

① 《元史》卷136，《拜住传》。

② 《元史》卷136，《拜住传》。

③ 《元史》卷28，《英宗本纪二》。

④ 《元史》卷28，《英宗本纪二》。

在元英宗死后被其后继者所沿用。

其五，大规模削减对诸王、驸马、勋旧的赐予。这是英宗在位时期影响最大的改革措施。如延祐七年（1320 年）九月，“以廪藏不充，停诸王所部岁给” ①。至治二年（1322 年）三月，“以国用匮竭，停诸王赏赉及皇后答里麻失里等岁赐” ②。累朝赐钞皆以锭计，而英宗所赐则仅以贯计。每锭该五十贯，这里反映了赐钞总额的大数额削减。这样做无疑可以暂时缓和严重的财政危机，但也因之招致了诸王贵族的严重不满。

其六，减轻徭役赋税。拜住曾上奏说：“自古帝王得天下以得民心为本，失其心则失天下。钱谷，民之膏血，多取则民困而国危，薄敛则民足而国安。”英宗很赞赏拜住的这种看法。他说：“朕思之，民为重，君为轻，国非民将何以为君？”③ 因此英宗君臣提倡节俭爱民，主张逐步减少徭役赋税。对于遇到大灾之年的地区，酌情减免徭役赋税，在饥荒之地实行酒禁、减免赋税，下令每年减少江南海运粮二十二万石，派人治理多年为患的黄河，使黄泛区人民免遭洪水之灾。

其七，重视汉文化，注意修史资政。延祐七年（1320 年）十二月，“翰林学士忽都鲁都儿迷失译进宋儒真德秀《大学衍义》，帝曰：‘修身治国，无逾此书。’”不仅赏赐交钞五万贯，而且将《大学衍义》印本颁赐群臣。至治元年（1321 年）三月甲申，英宗还下令编修“敕纂修《仁宗实录》《后妃》《功臣传》” ④。至治三年（1323 年）二月，《仁宗实录》修成。

其八，颁行《大元通制》，完善元朝法制。至治三年（1323 年）二月，“格例成定，凡二千五百三十九条，内断例七百一十七、条格千一百五十一、诏赦九十四、令类五百七十七，名曰《大元通制》，颁行天下” ⑤。英宗君臣将元朝开国以来政制法规可

① 《元史》卷 27，《英宗本纪一》。
② 《元史》卷 28，《英宗本纪二》。
③ 《元史》卷 136，《拜住传》。
④ 《元史》卷 27，《英宗本纪一》。
⑤ 《元史》卷 28，《英宗本纪二》。

以著为律令者进行审定公布，供各级政府部门遵照执行，从而使元朝的法制进一步完善。

三、南坡之变与英宗之死

英宗的新政无疑触犯到了蒙古和色目贵族保守派的利益，这引起了他们的恐慌和不满。同时又因为英宗笃信佛教和儒学，伊斯兰教在他在位期间颇受歧视。上都的回寺被毁掉，改建成帝师殿。负责传授波斯语的回回国子监被废罢。回回人散居郡县者，每户岁输包银二两，而在以前他们是享受免税待遇的。这也得罪了部分信奉伊斯兰教的贵族们。正是在这种背景下，一场杀害英宗的宫廷政变正在预谋中。

铁失为铁木迭儿之党徒，但其行事之奸诈，英宗没有察觉，因此在英宗一朝始终受到重用。至治元年（1321 年）三月，英宗命铁失任御史大夫，总领谏台之政，并授以军权，统领忠翊侍卫亲军。同年十一月，又命其兼领战斗力极强的左、右阿速卫亲军。至治二年（1322 年）二月，又赐铁失父祖碑，以彰其功。然而，这些恩宠和重用都没有能除去铁失的“潜蓄异图”[①]之心。

随着铁木迭儿党人陆续被英宗剪除，铁失的危机感也日益加重。而那些尚未被英宗罢斥的奸党，也就自然要汇集到铁失的麾下，共商保存自身利益、对抗英宗新政的办法。当然，最方便、快捷的办法是发动政变，推翻英宗的统治。这种办法虽然危险性极大，但在迫不得已时也只能铤而走险。此外，令铁失等头疼的事还有在政变成功之后，将推举谁来做元朝的皇帝。以资历、威望、血统而论，武宗海山的两个儿子——和世㻋与图帖睦尔最占优势。但他们与皇太后答己及仁宗已经因皇位被夺而结下仇怨。铁失等人皆为皇太后答己幸臣，当年曾经参与“易皇储”的阴谋，自然不愿再拥立和世㻋兄弟为新皇帝。

除此之外，诸宗王中可入承帝位的人选就只有晋王也孙铁木儿了。也孙铁木儿

① 《元史》卷 207,《铁失传》。

之父甘麻剌系元世祖忽必烈之嫡长孙，当年和铁穆耳争夺皇位继承权失败后，出镇漠北。及甘麻剌死，也孙铁木儿袭晋王之爵，仍镇守于漠北。由于晋王既掌有军权，又与英宗一系有仇怨，于是，铁失等人乃与晋王亲信人臣倒刺沙联系，并将准备政变的意思转告给他。在双方达成协议后，遂开始策划政变的具体方案。

至治三年（1323年）八月初，英宗南还大都，在距上都三十里的南坡驻营，铁失与其弟宣徽使锁南，以及知枢密院事也先铁木儿、宗王按梯不花（武宗时被杀之安西王阿难答之弟）、月鲁铁木儿（阿难答之子）等人相联手，一面派人通知晋王也孙铁木儿，一面调遣所辖之阿速侍卫亲军，将英宗大帐包围。铁失等先杀中书省右丞相拜住，再弑杀英宗。后世称这次政变为南坡之变。

晋王也孙铁木儿是最早得到逆乱消息的宗王，也是这次“政变”的最大受益者。同年九月，也先铁木儿与宗王按梯不花将英宗生前所掌的皇帝玺印送到也孙铁木儿镇守北疆的驻地——当年成吉思汗的大斡耳朵。于是，也孙铁木儿在王府诸官及铁失党人的拥戴下，即位称帝，是为泰定帝。

南坡政变之所以能够得逞，英宗之所以如此轻易被杀，主要是由如下因素导致。

其一，新政触犯了蒙古、色目贵族及宗王的既得利益。英宗、拜住在推行汉法政治的过程中，没有采取恰当的政治策略，因此四面树敌，与投下贵族集团以及后宫集团的势力发生了激烈的冲突。他们大量引用儒臣，又裁减对诸王的赏赐，限制分封，裁撤世祖以来所增冗官。这些措施无疑触动了蒙古、色目贵族及宗王的既得利益，使那些“居高位，食厚禄”的上层贵族官僚难以像以往一样享受各种待遇和特权，因此当行汉法的改革向前推进时，他们必然要联合起来进行强烈的抵制和反抗。当时这种反对新政的守旧势力十分强大，而以拜住为核心的汉法派则势单力薄，使得英宗、拜住君相在上层统治集团中感受到莫大的压力。

其二，英宗、拜住因为年轻缺乏政治经验而采取过于激进举措。英宗少年气盛，力行新政，勇气有余，而识见有所未尽。他缺乏政治家的清醒头脑，对斗争的严重性和激烈程度估计不足，缺乏对政敌的应有警惕和防范。答己与铁木迭儿死后，英宗、拜住对其集团中人不是分清主从，区别对待，而是穷追不舍。他们先罢去徽政院，同时减罢徽政院断事官。中书平章政事买驴、廉恂被降职使用。更令敌党不安的是，铁木迭儿之子、宣政院使八思吉思也在重新追究冒献地案中被定罪诛杀。

所谓冒献地案的原委是，浙人吴机将早已不属于自己的祖先田产卖给司徒刘夔，刘夔又赂八思吉思，使其购下作为寺田，得到官钞六百五十万贯。但是此田早已是他人之业，却被命官强行划为官田。在这一过程中，铁木迭儿父子以及铁失等人都参与其中，受贿巨万。拜住为右丞相的翌月即提出此案，要御史台审理，八思吉思并刘夔被诛，铁失被赦免。但拜住并未就此罢手，而是继续追究铁木迭儿及其党羽的罪状。至治三年（1323 年）五月，铁木迭儿官爵被剥夺；六月，毁撤铁木迭儿父祖之碑，追收原受制书，并诏告天下；七月，籍没铁木迭儿家产，其另一子治书侍御史锁南也被罢黜。面对这一形势，以铁失为首的铁木迭儿的余党时时处在惶恐惊惧之中。此时，英宗正在上都（今内蒙古正蓝旗东），拜住、铁失等均随行在侧，铁失鼓动一些僧人向英宗建议“国当有厄，非作佛事而大赦无以禳之”。英宗虽然年轻，但颇信佛教，即位后曾下令各地建八思巴殿，规格要高于孔庙。八思巴是元代的佛教领袖，被忽必烈崇为国师。铁失想利用英宗对佛教的信奉，要求得大赦。但此事未到英宗处便被拜住阻截，他叱道：“尔辈不过图得金帛而已，又欲庇有罪耶？”[①] 说者或许无心，但听者却品出了其中杀机，“奸党畏杀，遂构大变”[②]，铁党认定英宗还要继续追究下去，个个惊恐不已，遂密谋发动政变。[③]

其三，最为关键的是，铁失党人成功地控制了护卫英宗的军事力量，并选择了怯薛值日的有利时机发动了政变。铁失任御史大夫而兼领忠翊侍卫亲军及左、右阿速卫军；知枢密院事也先帖木儿也受任直接统领卫兵。大臣兼领军务，前古所无。铁失以御史大夫，也先帖木儿以知枢密院事，皆领卫兵，如虎添翼，故成逆谋。

在元朝，宫廷皇室的安全通常由两部分力量来保卫。涉及皇帝的外围护卫和巡

---

① 《元史》卷 136,《拜住传》。

② 《元史》卷 28,《英宗本纪二》。

③ 参见齐涛主编，张金铣、赵文坦、齐涛著:《中国政治通史》第七卷《恢宏与草昧的元朝政治》，泰山出版社 2003 年版，第 340—341 页。

行层从，由五卫亲军来负责；涉及宫禁斡耳朵的安全，怯薛近侍轮番值日来环卫。铁失以御史大夫兼领左右卫亲军，为政变得逞制造了外应的有利条件，而在禁卫军中也不乏叛军的内应，终于导致了南坡之变。

元代帝王，由靠自己的威望和实力争得皇位的忽必烈，蜕变为由中宫扶立之成宗、仁宗诸帝，再而蜕变为由叛军所拥立之泰定帝。既然名已不正，其实力又不足以威镇诸王、勋臣，故而导致此后近十年间，皇位之人选迭更，政争纷起，甚至刀兵相见，二帝并存，胜者为王。而大臣则借机擅权乱政，元朝之灭亡，于此已可窥其先兆。

第九章　泰定时代的元朝政治

泰定帝，忽必烈时早逝的皇太子真金之嫡孙，因铁失叛乱而顺利地取得了皇位。虽然背负着叛乱者的骂名，但泰定帝生平并没有大的过失，也有图治之心。可惜，一则是他在位五年便去世；二则是元朝到他统治之时，已是盛极而衰；三则他本来就远离朝政的中心，其才干与学识也不足以扭转乾坤，创造新的中兴局面，因此，他即位后虽然积极振兴，整顿吏治，大兴儒学，赈济贫乏，然国库空虚，天灾不断，民变蜂起，衰世之象已现。由于在其后的帝位之争中，泰定帝之子阿速吉八失败，取得胜利的周王和世㻋兄弟便不再追认泰定帝的谥号。由于也孙铁木儿在元朝帝系里没有庙号，所以后世史家便以年号来命名，称他为泰定帝。

一、清除叛党，洗刷罪名

当初，铁失与南坡之变的诸王贵族谋杀英宗、拜住时，派人向晋王也孙铁木儿劝进。也孙铁木儿是忽必烈的嫡系后裔，其父甘麻剌为真金长子、忽必烈的嫡孙。忽必烈死后，真金第三子铁穆耳继承帝位，为成宗，甘麻剌为晋王，统领成吉思汗四大斡耳朵。也孙铁木儿继承了父爵及相应的领地与势力范围，是朝廷中地位最高、力量最强的一系。待英宗被杀，铁失派人送上皇帝玉玺时，也孙铁木儿遂在龙居河（今克鲁伦河）即帝位，改元泰定，史称泰定帝。

泰定帝的即位诏书写得率真、朴实：

> 薛禅皇帝可怜见嫡孙、裕宗皇帝长子、我仁慈甘麻剌爷爷根底，封授晋王，统领成吉思皇帝四个大斡耳朵，及军马、达达国土都付来。依着薛禅皇帝圣旨，小心谨慎，但凡军马人民的不拣甚么勾当里，遵守正道行来的上头，数年之间，百姓得安业。在后，完泽笃皇帝教我继承位次，大斡耳朵里委付了来。已委付了的大营盘看守著，扶立了两个哥哥曲律皇帝、普颜笃皇帝，侄硕德八剌皇帝。我累朝皇帝根底，不谋异心，不图位次，依本分与国家出气力行来；诸王哥哥兄弟每，众百姓每，也都理会的也者。今我的侄皇帝生天了也么道，迤南诸王大臣、军上的诸王驸马臣僚、达达百姓每，众人商量著：大位次不宜久虚，惟我是薛禅皇帝嫡派，裕宗皇帝长孙，大位次里合坐地的体例有，其余争立的哥哥兄弟也无有；这般，晏驾其间，比及整治以来，人心难测，宜安抚百姓，使天下人心得宁，早就这里即位提说上头，从著众人的心，九月初四日，于成吉思皇帝的大斡耳朵里，大位次里坐了也。交众百姓每心安的上头，赦书行有。[①]

---

① 《元史》卷29，《泰定帝本纪一》。

诏书中的“薛禅皇帝”即世祖忽必烈；“裕宗皇帝”为真金，系死后追谥；“完泽笃皇帝”即成宗；“曲律皇帝”为武宗；“普颜笃皇帝”为仁宗。武宗、仁宗二人均为真金次子答剌麻八剌（顺宗）之子，与也孙铁木儿系叔伯兄弟。

泰定帝是否参与了谋杀英宗的行动，是元朝政治史上的一桩悬案。从大的方面看，英宗的汉法政治遭到了蒙古诸王的普遍反对，北方草原地区汉化程度很弱的诸王更是强烈。当时，随英宗左右的五位诸王与十几位贵族宗戚，在事变中不与铁失合流、尽忠英宗者仅买奴一人。从泰定帝与铁失的关系看，泰定帝的亲信倒剌沙与铁失来往密切。至治三年（1323年）三月，铁失便派亲信宣徽使探忒到晋王邸告诉倒剌沙，英宗不容晋王。八月二日，事变发生前，铁失又派人告知晋王，要谋杀英宗，推晋王为帝。根据《元史·泰定帝本纪一》的记载，晋王扣留来使，派人赴上都告变。但究竟是告变还是侦知实情，已不得而知。政治斗争凶险、叵测、多变，很难通过所留史料而探讨、诠释清楚。

泰定帝利用铁失等人的逆乱而取得帝位，但并没有与他们共享胜利成果。为报答拥立之功，安定逆党之心，泰定帝对铁失等人加以封赏。也先帖木儿任中书省右丞相，铁失任知枢密院事，月鲁帖木儿袭封安西王，等等。与此同时，泰定帝的亲信则被委以要职，倒剌沙任中书平章政事，倒剌沙之兄马某沙为知枢密院事，旭迈杰为宣政院使（不久又升迁为右丞相），牢牢掌握了中书省、枢密院与宣政院的实权。为了争取更多蒙古贵族的支持，泰定帝又下令将流徙边地及遣至远方的诸王官属等召还至京城。在经过一个多月的安排、调整之后，泰定帝看到皇位已经稳固，于是开始铲除铁失集团，在大都和上都对铁失党人进行了血腥的清洗。也先帖木儿、铁失和参与事变的其他官员都被处死，与逆谋有关的蒙古五王都被流徙远方。清洗谋叛者是也孙铁木儿加强他即位合法性的一招妙举。通过这一举动，他把自己和弑君事件完全划开，因为这一事件以蒙古人和汉人政治伦理观点看来都是不可原谅的大罪。但对于朝臣请求彻底清除铁木迭儿和铁失所有同党的建议，泰定帝也孙铁木儿则没有采纳。因为他很清楚，在朝政中完全依赖一派并清除其他派别对自己的统治并无益处，不过此时铁失的主要势力几乎已被剪除殆尽，朝政已经完全被泰定帝所控制。

二、安定兼容，无为而治

泰定帝在位短短五年间，在政治矛盾复杂、灾害不断、物价飞涨之际，推行了一系列休养生息、安定民心的政策，让政治与社会保持了相对的稳定。

其一，妥善处理铁失余党问题，及时有效地稳定了政局。

泰定帝入主大都前，对于铁失等人的诛杀当然是维护帝统与政治秩序之必须。通过诛杀铁失等人，既表明泰定帝是帝统的合法继承人，又向世人昭告了帝统的神圣不可侵犯，不管是何人，只要弑君谋逆，便罪在不赦。但入主大都后，对其从犯或协同者，泰定帝则采取了较为缓和的办法。比如，对于参与铁失行动的几位王公，他只是流放了事；对于其他情节较轻的人员也不再追究。他在诏书中称："以铁失之徒既伏其辜，诸王桉梯不花、孛罗、月鲁帖木儿、曲吕不花、兀鲁思不花，亦已流窜，逆党胁从者众，何可尽诛。后之言事者，其勿复举。"[①] 尽管中书平章政事张珪等人极力反对，泰定帝还是坚持不再追究。这种正确的处理善后的做法稳定了与铁失有关的或直接、间接支持铁失的王公大臣，而且避免激化矛盾，酿成新的变故，其策略是正确的。

其二，安抚、怀柔诸蒙古王公贵族。

泰定帝即位之初，便召诸王官署流徙远地及还原籍者二十四人还大都；次年，又召回被英宗放逐的海山二子图帖睦尔和阿木哥；对于曾起兵反对英宗而逃亡察合台汗国的和世㻋也进行了安抚。泰定年间，泰定帝一改仁宗、英宗对王公贵族严加制约的做法，对臣下赏赐众多，封拜频繁。诸王节庆、来贡、婚丧之际，都可得到大量赐钞、赐金，少者数千，多者数万甚至十数万。泰定帝在位五年间，新封诸王达二十四位，诸王出镇各地者也大为增加。对于王公中作奸犯科者，也是尽可能息事宁人，不肯深究。泰定元年（1324 年）二月，监察御史弹劾辽王脱脱"乘国有

---

① 《元史》卷 175,《张珪传》。

隙，诛屠骨肉，其恶已彰，恐怀疑贰……请废之，别立近族以袭其位”[①]，泰定帝没有采纳。至五月，监察御史们利用灾变再次上奏，请对辽王脱脱及其他一些违犯法纪、皆蒙宽宥者重加定罪，泰定仍然不允。

其三，继续推行科举制度，任用汉法派官僚。

泰定帝继续任用汉法派官僚。张珪、王约这些英宗旧臣，依然受到礼遇；张珪与吴澄、邓文原、虞集、王结等汉族名士还被封为进讲官，向泰定帝、皇太子及诸王大臣子孙讲授汉文化政治经典及统治经验等。泰定元年（1324 年）二月甲戌，“中书平章政事张珪、翰林学士承旨忽都鲁都儿迷失、翰林侍讲学士吴澄、集贤直学士邓文原进讲《帝范》《资治通鉴》《大学衍义》《贞观政要》，以右丞相旭迈杰领之”[②]。泰定帝仍然坚持实行科举制度。泰定元年廷试进士取八剌、张益八十四人及第，对于会试下第者，也都赐予学官等职。泰定三年（1326 年），泰定帝特地下诏追复仁宗朝汉法派中坚大臣李孟官职。

其四，对儒、佛、道、基督教、伊斯兰教等宗教或学说采取包容兼用方针，对民间信仰也不干涉。

泰定帝入主大都当月，即派人到曲阜，以太牢祀孔子；对于英宗按儒家礼仪恢复的郊庙之礼，他也一体因循，并由名儒向皇帝等人讲授儒家经典与治国之道。这一做法，开后世经筵制度之先河。对于汉族文化中传统的道教，泰定帝也一样认可与推广。泰定二年（1325 年）二月，他向天下名山宫观颁发《道经》，并封张道陵的传人张嗣成为太玄辅化体仁应道大真人。对基督教与伊斯兰教也是如此。泰定元年（1324 年），泰定帝给钞四万锭，在上都及大同路等地建清真寺。对于佛教，泰定帝更是积极、虔诚的信奉者。即位后，他主动受佛戒，许多军国大事，他都试图借助佛力解决。他曾令岭北守边诸王彻彻秃，月修佛事，以退敌兵；曾请僧徒在大内作法事以消雷击；绘制八思巴像颁行各省，并要求塑像祭祀；等等。另外，对于蒙古民

---

① 《元史》卷 29，《泰定帝本纪一》。

② 《新元史》卷 19，《泰定帝本纪》。

众以往信奉的萨满教以及其他外来宗教，他也均不排斥。对于汉族民众的民间信仰也是不加干涉，为了保障海运，泰定帝还多次派人祭祀海神天妃，并为之建庙塑像。

其五，赈济民众，平抑物价，劝课农桑。

自泰定帝即位以来，洪涝不断，地震及其他自然灾害也频有发生。另外，自英宗后期以来，为弥补收支不平衡，朝廷加大了钞币发行量，年印至元钞数达到一百四十八万锭，而此前仅为四十万锭左右。从而物价飞涨，民众生活困苦不堪。针对这种状况，泰定帝"累诏天下悯恤黎元"[①]，并采取了若干相关措施。

首先，降低钞币发行数，平抑物价。泰定二年至四年，年印至元钞均降至为四十万锭，使原来居高不下的物价迅速回落。同时又加大海运江南米粮量，调集北方赈灾；泰定三年（1326 年），海运粮总数达三百三十七万石，实到三百三十五万石，并采取了入粟拜官的办法，规定入粟两千石可授从七品，一千石正八品，五百石从八品，三百石正九品。这样，政府可支配的粮食大大增加，可以有效地赈济灾民、调剂市场。如泰定二年（1325 年）十一月，"京师饥，赈粜米四十万石。内郡饥，赈钞十万锭、米五万石。河间诸郡流民就食通、漷二州，命有司存恤之。杭州路火，赈贫民粮一月。常德路水，民饥，赈粮万一千六百石。"十二月，"济南、延川二路饥，赈钞三千五百锭"[②]。在泰定帝的赈济保护政策下，尽管自然灾害不断，但物价却回落到英宗前期的水平，且较为稳定，百姓生活也有了最基本的保障。[③]

对于中原内地的农业生产，泰定帝也给予了一定的重视。泰定二年（1325 年）十二月，"右丞赵简请行区田法于内地，以宋董煟所编《救荒活民书》颁州县"[④]。泰定三年（1326 年）初，元廷将山东、湖广官田赐民耕垦，每人三顷，并配发牛具；又在松江设都水庸田司，总管江南地区的河渠水利。致和元年（1328 年）正月丁丑，

① 《元史》卷 29,《泰定帝本纪一》。

② 《元史》卷 29,《泰定帝本纪一》。

③ 参见齐涛主编，张金铣、赵文坦、齐涛著:《中国政治通史》第七卷《恢宏与草昧的元朝政治》，泰山出版社 2003 年版，第 344—347 页。

④ 《元史》卷 29,《泰定帝本纪一》。

泰定帝“颁《农桑旧制》十四条于天下，仍诏励有司以察勤惰”[①]。

应该说，在元朝诸帝中，泰定帝也算是值得称道的一位了。《元史》这样评价泰定帝说：“泰定之世，灾异数见，君臣之间，亦未见其引咎责躬之实。然能知守祖宗之法以行，天下无事，号称治平，兹其所以为足称也。”[②]

三、生不逢时，民变蜂起

泰定帝在位五年（1323—1328年），几乎是月月有灾、年年有灾，受灾地区共六百二十余处，灾情遍布京师及全国各地，其严重程度超过前朝。对于每个受灾地区，泰定帝几乎都给以救济，至少是低价粜粮。泰定二年（1325年）九月，泰定帝“分天下为十八道，遣使宣抚”。从泰定帝月月赈灾以及颁布的诏书来看，其“宜安抚百姓，使天下人心得宁”[③]的理政思路也很明确。但除了赈济货币、粮食或低价粜粮之外，史书上并没有记载泰定帝还采取过什么其他有效的措施。尤其是朝廷虽赈济金帛，但因为贪官污吏的盘剥，赈济款到受灾百姓手中不到一半，其结果不仅没有能战胜灾害，反而引发不少地区民变蜂起。

从泰定帝即位的第二个月起，《元史》中就出现了兵乱、民变的记载。开始规模并不太大，因此元朝政府还是以招抚为主，以镇压为辅。但从泰定二年（1325年）起，情况开始发生变化：一是中原地区出现了利用宗教号召，利用秘密结社形式进行组织串联的反抗行动。泰定二年（1325年）六月，“息州民赵丑厮、郭菩萨，妖言弥勒佛当有天下，有司以闻，命宗正府、刑部、枢密院、御史台及河南行省官杂鞫之”[④]。它是白莲教组织的先导，从此“弥勒降生”“明王当有天下”的“预言”不胫而走，它预示着一场更大规模的风暴即将来临。二是反抗的规模在不断扩大，等级

① 《元史》卷30，《泰定帝本纪二》。

② 《元史》卷30，《泰定帝本纪二》。

③ 《元史》卷29，《泰定帝本纪一》。

④ 《元史》卷29，《泰定帝本纪一》。

和目标在逐步提高。如泰定三年(1326年),广西普宁有一位陈和尚造反，自称皇帝，表明反抗者已经将推翻元朝最高统治者作为奋斗目标，造反者出现建国改元的事件，这是前朝从来没有的。三是民变次数剧增，五年中激增至六十五起，平均每年多达十三起，大有不可遏阻之势。四是对这种反抗，泰定帝虽然一般采取先招抚后镇压的政策，但他已经渐渐开始强调武力镇压的重要性。泰定帝去世时，民变的现象不仅没有平息，反而更为激烈，直到将元朝的统治送进坟墓。[①]

---

① 参见朱耀廷著:《蒙元帝国》，人民出版社2010年版，第241页。

第十章　文宗前后的皇位更迭

泰定帝死后，元朝统治阶级内部发生了争夺皇位的两都之战，天顺帝失败不知所踪后，文宗又一度让位给明宗，元文宗再次即位后，朝政长期为权臣燕帖木儿与伯颜所左右，但文宗还是在文治方面有所作为。他建立奎章阁，编修《经世大典》，尊崇儒术，信奉佛教等，使元朝在汉化道路上一度有所进步。

一、天顺帝与文宗的两都之战

致和元年（1328 年）七月，泰定帝在上都去世，元朝历史上最血腥和破坏性最大的一次帝位之争随之发生，争夺的结果是帝系重新回到了海山后人手中，并一直延续到元朝灭亡。

在泰定帝驾崩同时，大都宫廷政变发生，政变者的目的是重使武宗海山的儿子成为正统的皇位继承人。自仁宗在延祐三年（1316 年）以自己的儿子硕德八剌取代海山的长子和世㻋为皇太子后，试图恢复海山儿子帝位继承权的努力即成为一股政治暗流。泰定帝之死为这股暗流的表面化提供了机会。

当时，卷入帝位争夺的有三位关键性人物：和世㻋、图帖睦尔与燕帖木儿。虽然和世㻋和他的弟弟图帖睦尔是帝位的竞争者，但推动帝位争夺的实际上是海山的旧侍从燕帖木儿。

海山之子和世㻋与图帖睦尔在仁宗朝和英宗朝都曾受到政治迫害。和世㻋于延祐三年（1316 年）被封为周王，随即被派往远离都城的云南，以给册封硕德八剌为皇太子扫清障碍。为表示抗议，和世㻋在陕西举兵反抗，但很快失败，在此后的十二年中，他一直作为流亡者，在察合台诸汗的庇护下，居于中亚的塔尔巴哈台地区。至治元年（1321 年），英宗将海山次子图帖睦尔放逐到海南岛。三年之后，泰定帝将图帖睦尔召回，封为怀王，不久又送往湖北。作为前大汗的儿子，和世㻋兄弟在诸王中受到一定程度的同情。更重要的是，虽然经过种种政治变迁，原武宗海山的追随者，以燕帖木儿为核心，依旧效忠于武宗的后人。

致和元年（1328 年）三月，泰定帝依惯例抵达上都，西安王阿剌忒纳失里与燕帖木儿留守大都。燕帖木儿实际掌握了大都枢密院符印，同时总环卫事。七月，泰定帝病死于上都，倒剌沙、梁王王禅、辽王脱脱结为同盟，准备推立泰定帝所立太子阿速吉八为帝。大都方面得到消息后，燕帖木儿即与西安王阿剌忒纳失里合谋发动兵变，拘捕不肯合作的平章政事乌伯都剌、伯颜察儿，中书左丞朵朵，参知政事王士熙，参议中书省事脱脱、吴秉道，侍御史铁木哥、丘世杰，治书侍御史脱欢，太子詹事丞王桓等人，声称："祖宗正统属在武皇帝之子，敢有不顺者斩。"[①] 控制了大都局势后，燕帖木儿即命前河南行省参知政事明里董阿、前宣政院使答剌麻失里前往江陵迎接武宗次子怀王图帖睦尔回朝；同时，要河南行省平章政事伯颜选备精兵，做好扈从准备。为安定大都人心，燕帖木儿分别派人冒充南来使者与北来使者，称和世㻋与图帖睦尔均已启程，很快便可抵达。八月二十七日，图帖睦尔经由河南至大都，入居大内，九月十三日，图帖睦尔即位，改元天历，是为元文宗。

与此同时，上都权臣左丞相倒剌沙、诸王脱脱、梁王王禅等则拥立皇太子阿速吉八为帝，改元天顺，是为天顺帝。

元文宗与天顺帝分别在大都与上都即位，一时出现了两个政权对峙的局面，一场争夺帝位的"两都之战"不可避免。

1328 年 8 月末，"两都之战"从上都兵马进攻大都爆发，到十月中旬以上都宫廷投降、天顺帝失踪而暂时告一段落。其间纷争不必细说，值得注意的是，决定双方战局走向的不是两都的二帝集团，而是来自东北和东蒙古的蒙古王公的态度。他们的突袭给了上都派致命的一击。

原来，就在两都军马连日展开激战的同时，驻守于全国各地的蒙古贵族们也表现出了不同的立场。时镇守北疆的宗王八剌失里、镇守陕西的大臣也先帖木儿等支持上都派，或是出军攻向大都，或是公开表示拒绝服从大都方面的调遣。但镇守在东北的蒙古军统帅不花帖木儿、宗王月鲁不花等却起而支持大都方面，并率军乘上都兵力空虚之机，直捣上都派的心脏，在十月十三日包围了上都，而此时上都派的绝大多数军队仍在长城一线作战。惊慌失措的上都宫廷被迫在第二天出降。倒剌沙和绝大多数上都派的首要人物被拘捕，随即被处死；天顺帝阿速吉八则被报失踪。

不过，上都陷落、天顺帝失踪，只是扫清了海山后人继承帝位的障碍，各派的斗争并没有结束，上都的投降并不意味着大都派取得了全面胜利，上都派在其他地

---

① 《元史》卷 138，《燕帖木儿传》。

方的抵抗还持续了很长时间。直到1328年底，在陕西的上都派还在抵抗，而四川的上都派到第二年五月才投降。在当地部族的支持下，以王禅以前的追随者——宗王秃坚为首的云南上都派一直坚持抵抗了四年之久，直到至顺三年（1332年）三月才放弃了他们的努力。也就是说，帝位争夺战所引发的连锁战争以及权臣干政状况，使以后的文宗朝成了一个地方战乱不断、朝中权臣擅政的朝政混乱的年代。

二、明宗与文宗的皇位之争

当初，图帖睦尔在燕帖木儿等大都派劝进时，鉴于当时形势尚不明朗，遂固让说："大兄在北，以长以德，当有天下。必不得已，当明以朕志播告中外。"[①] 其后，在即位诏书中，文宗又说：

> 洪维我太祖皇帝混一海宇，爰立定制，以一统绪，宗亲各受分地，勿敢妄生觊觎，此不易之成规，万世所共守者也。世祖之后，成宗、武宗、仁宗、英宗以公天下之心，以次相传，宗王、贵戚咸遵祖训。至于晋邸，具有盟书，原守藩服，而与贼臣铁失、也先帖木儿等潜通阴谋，冒干宝位，使英宗不幸罹于大故。朕兄弟播越南北，备历艰难，临御之事，岂获与闻！
>
> 朕以叔父之故，顺承惟谨，于今六年，灾异迭见。权臣倒剌沙、乌伯都剌等专权自用，疏远勋旧，废弃忠良，变乱祖宗法制，空府库以私其党类。大行上宾，利于立幼，显握国柄，用成其奸。宗王、大臣以宗社之重，统绪之正，协诚推戴，属于眇躬。朕以菲德，宜俟大兄，固让再三。宗戚、将相、百僚、耆老，以为神器不可久虚，天下不可无主，周王辽隔朔漠，民庶遑遑，已及三月，诚恳迫切。朕姑从其请，谨俟大兄之至，以遂朕固让之心。已于致和元年九月十三日，即皇帝位于大明殿。其以致和元年为天历元年，可大赦天下。

---

① 《元史》卷31,《明宗本纪》。

> 自九月十三日昧爽已前，除谋杀祖父母、父母，妻妾杀夫，奴婢杀主，谋故杀人，但犯强盗、印造伪钞不赦外，其余罪无轻重，咸赦除之。於戏！朕岂有意于天下哉！重念祖宗开创之艰，恐隳大业，是以勉徇舆情。尚赖尔中外文武臣僚，协心相予，辑宁亿兆，以成治功。咨尔多方，体予至意！[①]

"晋邸"即泰定帝，即位前袭祖爵为晋王，故称。文宗诏书不仅大大缩小了自己的对立面，而且还认为英宗之死与泰定帝有关，用意十分清楚。另一方面，文宗又表示他此次只是形势需要权且摄位，待大兄和世㻋一至，便拱手让位。这样，他既可以赢得仁宗、英宗一系的支持，又可以获得支持和世㻋的力量的理解，最大限度地孤立泰定一系。这封诏书无疑是在向天下臣民宣告：元朝的皇权又复归正统，回到了武宗一系的手中。其实，无论武宗，还是泰定帝，他们都是真金太子的子孙，武宗的父亲答剌麻八剌是真金的二子，而泰定帝的父亲甘麻剌是真金的长子，泰定帝则是真金的长孙。根据"武仁授受"的约定看，英宗被弑后，武宗的两个儿子有优先继位的权力，而堂叔辈的晋王的确关系较远。但当时的铁失政变集团不立武宗之后而是选定了晋王，个中原因很难完全诠释清楚。

在上都派失败、天顺帝失踪后，文宗出于政治考虑，兑现他在即位诏书中的承诺，派治书侍御史撒迪前往察合台迎接大兄和世㻋。但与此同时，他又在朝中大行封赏，安插心腹，俨然一派新帝新朝气象。

两都之战，燕帖木儿与伯颜立功最大。燕帖木儿是拥立文宗的主谋，在与上都兵马的交战中，更是身先士卒，锐不可当。当文宗要他只需"凭高督战"时，他的回答是："臣以身先之，为诸将法。敢后者军法从事。托之诸将，万一失利，悔将何及。"[②]因此，大都的胜利，在很大程度上应当归之于燕帖木儿的将略与锐气。伯颜则是大都后方基地的保障者。文宗自江陵北上，他有扈从之功；两都之战中，他调集人力物力，源源不断地提供前线补给。若无河南行省的支持，大都方面也难以获胜。对这两位头

---

① 《新元史》卷 21，《文宗本纪上》。

② 《元史》卷 138，《燕帖木儿传》。

号功臣，文宗不吝赏赐，任燕帖木儿身兼中书右丞相、知枢密院事、御史大夫三大重要职务，又领都督府龙翊侍卫亲军都指挥使司事。伯颜逊于燕帖木儿，为太保、开府仪同三司、录军国重事、御史大夫、中政院使、忠翊侍卫亲军都指挥使。其余追随的大小功臣，也都加官晋爵，分别委以重任，从而形成元朝政府新的权力格局。

正当文宗君臣着意构建新朝之时，天历二年（1329年）正月，和世㻋的使者来到大都，向文宗禀报了启程的安排。随后，和世㻋自西北出发，横穿漠北草原，向大都而来。对于这一情况，文宗与燕帖木儿君臣都有些进退两难。

燕帖木儿在大都发难之初，可能并未认定要立哪一位海山之子，只是由于和世㻋远在西北，音讯难通，图帖睦尔就在河南行省的江陵，先期抵京，所以便急急拥立其为帝。但一旦新朝开张，这对君臣之间便成为难以分割的政治利益集团，尤其是经两都之战，历尽万险奠定的这份帝业，他们难以拱手让人。对于文宗而言，即位前的推辞或许有些诚意，但当长兄和世㻋果然要来摘取皇统的桂冠时，他就未必能心甘情愿。因此，自年初到文宗与兄长和世㻋相会的半年中，元廷内部已经出现了一个十分微妙的局面，前来即皇帝位的周王和世㻋与进退两难的文宗图帖睦尔都不甘心失去皇权，这种微妙的权力之争正在潜滋暗长。

从文宗方面看，虽然早已表明让位兄长和世㻋的心迹，而且也已知道和世㻋正在前来接位的路上，但在朝政大事上丝毫看不出他有什么交权退位的迹象。天历二年（1329年）二月，他甚至册命了皇后。对这一举动，朝中许多人不明就里，朝臣拔实即上奏质疑道："陛下已诏天下，让位于大兄。今立后，是与诏自相违也。"① 二月二十一日，和世㻋在和林（今蒙古杭爱省厄尔得尼召北）即帝位，是为明帝。文宗所派使者撒迪传回这一消息后，文宗对臣下们说："撒迪还，言大兄已即皇帝位。凡二月二十一日以前除官者，速与制敕。后凡铨选，其诣行在以闻。"② 既要"速与制敕"，又要继续除官，不过多了一道"诣行在以闻"的手续而已，不甘心让位已经昭

① 黄溍著：《黄金华集》卷25，《拔实神道碑》。

② 《元史》卷33，《文宗本纪二》。

然若揭。

三月，文宗派右丞相燕帖木儿奉玉玺北迎和世㻋，但同时又颁旨将自己即位前所经由的地名悉数更改，如建康（今江苏南京）改为集庆，江陵改为中兴，琼州（治今海南琼山市）改为乾宁，潭州（治今湖南长沙）改为天临。这与册立皇后异曲同工。当然，尽管他一直执意地行使皇权，但也做好了退位的一些准备。五月二十一日，文宗由大都北上，迎接兄长和世㻋。此前，和世㻋已封他为皇太子，他也奉诏建起了属于皇太子的詹事院，并在北上之际设置了江淮财赋都总管府，隶属詹事院，这都是为日后做皇太子计。

不过，北上的行程实在有些迟缓，至六月二十四日方到达上都南部的六十里店。上都、大都间只不过相距五百里，文宗一行却走了一月有余。同样，由六十里店到三十里店，他走得更是“吃力”。七月二日，方至三十里店，区区三十里，迟延了八天时间。至上都后，文宗接受了兄长派人送来的皇太子印信。八月二日，到达兄长驻跸的王忽察都（今河北张北），完成了移交帝位的所有程序。

从和世㻋方面看，他虽然在仁宗时代就流亡西北，但返京夺位之心不衰，并一直得到了察合台汗以及漠北草原诸王的同情和支持。当文宗所派迎还之使到来时，他没有犹豫便匆匆上路，草原之路走得颇为顺利。他们自天历元年（1328 年）底启程，次年一月便到达和林一带。和林是岭北行省和宁路所在地，西距察合台汗国的直线距离三千里以上，东距大都的直线距离两千五百里左右，位于今蒙古乌兰巴托西南的哈尔和林。沿途有察合台汗及原随旧臣的护送，又有草原诸王以及岭北行省平章政事泼皮的迎候。抵达和林之北后，和世㻋在察合台汗以及漠北诸王的拥戴下，很快就即位称帝。

如此急忙称帝，可能是漠北诸王及其随行者担心发生变故，要造成逼文宗让位的既成事实，而和世㻋也一直以皇统的法定继承者自居，并未正视文宗的实际帝位以及大都政治集团的强大的事实。而且其即位是在没有告知文宗的情况下进行的，这实际上是对文宗集团的蔑视与挑战，是和世㻋在政治策略上的一大败笔。

不仅如此，和世㻋一错再错，非但不去安抚、稳定文宗政治集团，反倒以新帝自居，一味地干预、剥夺文宗集团的既得利益。

和世㻋即位之后，派文宗使者撒迪回大都，撒迪行前，他要其转告文宗的不是要立文宗为嗣君，而是对文宗的训诫：“朕弟曩尝览观书史，迩者得无废乎？听政之暇，宜亲贤士大夫，讲论史籍，以知古今治乱得失。卿等至京师，当以朕意喻之。”[①]

四月六日，燕帖木儿率领一批朝臣与和世㻋会合，奉上御玺。和世㻋接受御玺，成为名副其实的大元皇帝后所做的第一件事就是封拜燕帖木儿，对这位打败天顺帝的功臣、奉上御玺者，明宗任命他为太师、中书右丞相，开府仪同三司、上柱国、录军国重事、监修国史、太平王。但只保留下中书右丞相实权，关于御史台、枢密院以及侍卫亲军的权力则一概剥夺。明宗对待燕帖木儿尚且如此，对待文宗集团其他成员自然可想而知。与之同时，他任命自己的随从旧臣哈巴儿秃为中书平章政事、伯帖木儿为知枢密院事、孛罗为御史大夫。朝中三项重职都任命给了自己的亲信。另外，又任命其旧臣尚家奴为中政院使、铁木儿脱为上都留守，对岭北、江浙、甘肃等行省的主要政务官也进行了调整。其旧臣并扈从人员受制命者达八十五人，几乎是人人得到升迁。[②]

对于和世㻋的这些行为，文宗集团自然不满。文宗未至，燕帖木儿便与新任中政院使尚家奴发生了冲突。起因是中政院越过中书，也就是越过燕帖木儿直接向和世㻋奏请任免之事，燕帖木儿不肯付与制敕公文，虽然最后在和世㻋干预下才“如所请授之”[③]，但事后燕帖木儿仍向和世㻋表示抗议。

八月一日，和世㻋抵王忽察都。次日，文宗也至此处。兄弟相见，大宴群臣。但到六日，和世㻋突然死去，年仅三十岁。文宗在燕帖木儿等人的扈从下匆匆赶回上都，再次登基称帝。文宗在新即位的诏书中说：

---

① 《元史》卷 31，《明宗本纪》。

② 参见齐涛主编，张金铣、赵文坦、齐涛著：《中国政治通史》第七卷《恢宏与草昧的元朝政治》，泰山出版社 2003 年版，第 354—359 页。

③ 《元史》卷 31，《明宗本纪》。

朕惟昔上天启我太祖皇帝肇造帝业，列圣相承。世祖皇帝既大一统，即建储贰，而裕皇天不假年，成宗入继，才十余载。我皇考武宗归膺大宝，克孝天心，志存无私，以仁宗居东宫，遂嗣宸极。甫及英宗，降割我家。晋王违盟构逆，据有神器，天示谴告，竟陨厥身。

于是宗戚旧臣协谋以举义，正名以讨罪，揆诸统绪，属在眇躬。朕念大兄播迁朔漠，以贤以长，历数宜归，力拒群言，至于再三。乃曰艰难之际，天位久虚，则民心不固，恐隳大业。朕虽徇众请以临御，秉初志而不移，是以固让之诏始颁，奉迎之使已遣，命阿剌忒纳失里、燕帖木儿奉皇帝宝玺，远迓于途。而先皇帝跋涉山川，蒙犯霜露，道里辽远，自春徂秋，怀艰阻于历年，望都邑而增慨，徒御弗慎，节宣失宜。信使往来，相望于道，彼此思见，交切于怀。八月一日，大驾次旺忽察都，朕方欣瞻对之有期，独兼程而先进，相见之顷，悲喜交集。何期数日之间，宫车弗驾，国家多难，遽至于斯！念之痛心，以夜继旦。

诸王、大臣以为祖宗基业之隆，先帝付托之重，天命所在。诚不可违，请即正位，以安九有，朕以先皇帝奄弃天下，摧怛方新，保忍衔哀以践大宝。乃群臣固请伏阙，至三日之久。朕维宗社大计，乃于八月十五日即皇帝位于上都。可大赦天下，自天历二年八月十五日昧爽，以前，罪无轻重，同赦除之。

於戏！戡定之余，莫急于与民休息。丕变之道，莫大乎使民知义。亦惟尔中外大小之臣，各究乃心，以称朕意。[①]

在即位诏书中，文宗虽然将和世㻋猝死归之于“跋涉山川，蒙犯霜露”，但从明宗暴崩到文宗复位，前后只用九天时间，因为无准确的史料记载，其中复杂而真实的内幕永远成为了历史之谜，只能由后人任意评说了。后至元六年（1340 年），元顺帝在追究这件事情时，曾公开颁诏指出：“文宗稔恶不悛，当躬迓之际，乃与其臣月鲁不花、也里牙、明里董阿等谋为不轨，使我皇考饮恨上宾。”[②]很可能，明宗之死，

① 《新元史》卷 21,《文宗本纪上》。

② 《元史》卷 40,《顺帝本纪三》。

是文宗与燕帖木儿合谋鸩害。皇位之争导致同室操戈、父子兄弟相互残杀史不绝书，此间真相谁又能说得清楚呢。

三、文宗在兴文治方面的努力

文宗从第一次即位到其去世，前后不满四年时间，当时朝政大权主要掌握在燕帖木儿父子手中，历史给他的空间，只是通过尊儒崇佛起用了一些儒家学者和藏传佛教领袖，在兴文治方面做了一定的努力。

（1）置奎章阁

天历二年（1329 年）三月，文宗在大都建奎章阁学士院，任命精通汉文化的翰林学士承旨忽都鲁都儿迷失和赵世延并为奎章阁大学士，侍御史撒迪和翰林直学士虞集并为侍书学士。"奎"本是上天的二十八星宿之一，白虎七宿中的首宿，有星十六颗，益曲相勾，似文字之画，因此古人认为"奎主文章"，将奎星视为主管文章之星，如称秘书监为"奎府"，皇帝所写之字为"奎书"，而"奎章"则专指皇帝的手笔。文宗建奎章阁的目的是"置学士员，日以祖宗明训、古昔治乱得失陈说于前，使朕乐于听闻"[①]。以当时著名的儒家学者为奎章阁大学士和侍书学士，是想向他们请教并与他们一起研讨祖宗明训和古今治乱得失之道，与上天奎星所主之事正好契合，故而称为"奎章阁"。

奎章阁又设置了授书郎和艺文监，授书郎的任务是"讲授经学"，要求勋旧、贵戚子弟及年幼者要来此学习。第一任授书郎是仁宗时李孟提拔的揭傒斯。艺文监的任务是检校书籍，以仁宗时的状元宋本和进士欧阳玄任监事。此外还有仁宗年间的进士许有壬、苏天爵，以及通达汉文化的蒙古学者阿荣等。不忽木的儿子康里从小学习许衡传授的儒学，博览群书，也被选入奎章阁任承制学士，后来升为大学士。而出身伯牙吾部的进士泰不华也被选为奎章阁典签。

① 《元史》卷 34,《文宗本纪三》。

（2）编修《经世大典》

《经世大典》是元代官修政书，又名《皇朝经世大典》，“至顺元年春正月丙辰，命赵世延、赵世安领纂修《经世大典》事”，二月，又“以修《经世大典》久无成功，专命奎章阁阿邻帖木儿、忽都鲁都儿迷失等译国言所纪典章为汉语，纂修则赵世延、虞集等，而燕帖木儿如国史例监修”[①]。元文宗至顺元年（1330年），《经世大典》由奎章阁学士院负责编纂，赵世延任总裁，虞集任副总裁，参与编纂的著名学者还有马祖常、杨宗瑞、谢端、苏天爵、李好文、陈旅、王士点等，次年五月修成。全书共八百八十卷，包括目录十二卷，附公牍一卷、纂修通议一卷。共分为十篇：其中君事四篇，即帝号、帝训、帝制、帝系，别置蒙古局负责编修；臣事六篇，即治典、赋典、礼典、政典、宪典、工典等，各典又分若干目。该书体例参考了唐、宋会要，而又有所创新。如工典篇分为宫苑、官府、仓库、城郭、桥梁、河渠、郊庙、僧寺、道宫、庐帐、兵器、卤簿、玉工、金工、水工、搏埴之工、石工、丝枲之工、皮工、毡厨、画塑、诸匠二十二目，多为唐、宋会要所无。各篇、目正文之前，均有叙文说明其内容梗概，或变革之因，或设立宗旨，便于读者了解；这种编纂方法亦较唐、宋会要为胜。其所依据，多为中朝及外路各官府文件，但将蒙古语直译体改为汉文文言，并删去公文中的吏牍繁词等。此书不仅保存了大量的元代典制，成为明初编纂《元史》的主要依据之一，同时又是元文宗崇文治、行汉法的一个重要表现。只是由于权臣燕帖木儿的干扰，文宗的不少设想也只是停留在口头上而已。[②]

（3）崇儒尚佛

天历二年（1329年），文宗派遣儒臣曹元用到曲阜祭祀孔子。至顺元年（1330年）闰七月，加封孔子父母，并封颜子为兖国复圣公，曾子为郕国宗圣公，子思为沂国述圣公，孟子为邹国亚圣公，河南伯程颢为豫国公，伊阳伯程颐为洛国公。十二月

---

① 《元史》卷34，《文宗本纪三》。

② 参见朱耀廷著：《蒙元帝国》，人民出版社2010年版，第247—248页。

己酉，“以董仲舒从祀孔子庙，位列七十子之下”[①]。文宗修建曲阜孔庙，大肆旌表节妇，这在前代也是少见的。其时，文宗招延明儒，尊崇孔孟，提倡理学的纲常礼教，试图造就一种“文治”的气象。

崇尚佛教是元朝诸帝的共识，皇帝往往都要从帝师受戒，历朝花在奉佛上的土木建造、诵经祝寿与功德赏赐等难以统计。僧徒们且往往以祈福为名，请释重囚，从而浊乱朝政。他们居官膺爵，依势豪横，积弊甚深。文宗同样尚佛，他的突出问题是朝廷佛事频繁，而且规模大、时间久，花费大。天历二年（1329 年）正月，省臣奏：“佛事岁费，以今较旧，增多金千一百五十两，银六千二百两，钞五万六千二百锭，币帛三万四千余匹。”[②]嗣后在减省的名义下，上都岁做佛事一百六十五所定为一百零四所，令有司永为岁例。列圣神御殿及诸寺所做佛事，每岁计二百一十六，今汰其十六为定式。就在天历二年（1329 年），文宗还下诏，自金、宋至本朝所赐各寺之田，均免除田租。至顺元年（1330 年），文宗括益都、般阳、宁海等地闲田十六万二千零九十顷，赐予大承天护圣寺。至顺二年（1331 年）二月，又创设广教总管府，以掌僧尼之政，全国凡十六所，秩正三品，府设达鲁花赤、总管、同知府事、判官各一员，宣政院选流内官拟注以闻，总管则僧为之。僧尼得免一切差徭。至于其他宗教，文宗基本上奉行祖制，对所有教派，除个别秘密组织外，俱加敬礼。[③]

文宗以后，强盛一时的元王朝走上了没落之路。

---

① 《元史》卷 34,《文宗本纪三》。

② 《元史》卷 33,《文宗本纪二》。

③ 参见周良宵著:《元史》，上海人民出版社 2019 年版，第 646—647 页。

第十一章　顺帝失国

元顺帝即元惠宗妥欢帖睦尔，他是元武宗海山之孙、元明宗和世㻋的长子，是元朝历史上在位时间最长的一位皇帝，也是元朝最后一位皇帝。因为文宗皇后的坚持，他在十三岁时因缘得以即位称帝。在他统治期间，驱逐权臣燕帖木儿、伯颜，任用脱脱治国以挽救危机，当1368年明军进攻大都时，他自知大势已去，主动放弃抵抗，率领诸臣及宗室贵族逃到了蒙古草原。明太祖朱元璋认为他“知顺天命，退避而去，特加其号为顺帝”。

一、即位风波

当初，根据元武宗、仁宗兄弟的君子协定，仁宗去世之后继承皇位的应是妥欢帖睦尔的父亲和世㻋。但由于皇太后答吉和权臣铁木迭儿的干预，也由于仁宗经不住权势与利益的诱惑，竟然违背了“武仁授受”的协定，下令将和世㻋封为周王，令其去镇守云南；而将自己的儿子硕德八剌立为太子，即后来的元英宗。周王与武宗旧部不服，举兵造反，失败后流亡到察合台汗国，长期居住在北方金山（阿尔泰山）一带，与元廷对抗。

和世㻋在西北地区娶阿儿思兰部郡王的后代哈剌鲁氏迈来迪为侧妃，生下了长子妥欢帖睦尔。此后其大妃乃蛮氏八不沙又生次子懿璘质班。泰定帝死后，和世㻋之弟图帖睦尔在权臣燕帖木儿的支持下，打败天顺帝并先即位称帝，是为文宗。和世㻋回到上都后，文宗让位，和世㻋即位，是为明宗。明宗不久死去，明宗的皇后八不沙带着长子妥欢帖睦尔和次子懿璘质班从上都回到大都，文宗把他们安排在宫中住下，并且封八不沙皇后所生的次子懿璘质班为鄜王。八不沙皇后虽然住在宫中，但心里总有些怨恨，而文宗对八不沙皇后和明宗的两个儿子也不免有些顾虑，文宗皇后卜答失里与八不沙皇后的关系也很紧张。至顺元年（1330年）三月，文宗封自己的皇子阿剌忒纳答剌为燕王，让他住在燕帖木儿府中，由燕帖木儿教管，意思是想以燕王作为皇位继承人。但依照前朝的惯例，明宗侧妃迈来迪所生之子妥欢帖睦尔与八不沙皇后所生之子懿璘质班都有资格继承皇位。至顺元年（1330年）四月，文宗皇后卜答失里毒死八不沙皇后。与此同时，有大臣上书文宗，说明宗在世时已多次说过妥欢帖睦尔并非他的儿子。于是文宗下令将妥欢帖睦尔母子驱赶出皇宫，迁往高丽（今朝鲜半岛），幽居在大青岛中，不准他们与外人往来。一年后，又将他们移居静江（今广西桂林市）。

至顺元年（1330年）十二月，文宗立其长子燕王阿剌忒纳答剌为皇太子，诏示天下，期望能够父死子继。但天不作美，至顺二年（1331年）正月，刚刚受封为皇太子的阿剌忒纳答剌突然病死。文宗只好将次子古纳答剌改名为燕帖古思，交由燕帖木儿调养。

至顺三年（1332 年）八月，“文宗崩于上都，后导扬末命，申帝初志，遂立明宗次子懿璘质班，是为宁宗”。但元宁宗即位四十三天就不幸死去。“宁宗崩，大臣请立太子燕帖古思”。皇后卜答失里坚持认为：“天位至重，吾子尚幼，明宗长子妥欢帖睦尔在广西，今十三岁矣，理当立之。”在这种情况下，诸臣于是奉旨将妥欢帖睦尔“迎至京师，以明年六月即位，是为顺帝”[①]。

从法理上说，宁宗虽然登上皇位四十余天就撒手人寰，但毕竟兑现了当初明宗与文宗的皇位授受之约，按道理说，太子燕帖古思的即位应该是自然而然、水到渠成的事情。可是，文宗皇后卜答失里却以“吾子尚幼”为理由将皇位拱手让给明宗的长子妥欢帖睦尔，这与她当初为了解除自己孩子的皇位威胁而毒死明宗皇后八不沙的举动实在相差太远，令人无法理解。事实的真相可能是，卜答失里是佛教徒，她相信因果关系，其长子阿剌忒纳答剌立为皇太子不到一月便死去的事实对她打击很大，而次子燕帖古思太小，且已经立为皇太子，卜答失里自信虽然将皇位让给妥欢帖睦尔，她也有能力操控政局，等待燕帖古思健康长大再夺回皇权。可是，她哪里会料到，妥欢帖睦尔一旦即位称帝，朝局就会发生变化。后至元六年（1340 年）六月，元顺帝巩固统治后，在左右的鼓动下，开始追究当初明宗猝死之因，最终逼死了已经成为太皇太后的卜答失里并派人虐杀了皇太子燕帖古思。文宗皇后卜答失里在死前对她的举措也追悔莫及。历史说来就是这样残酷。

二、清除权臣

迎回妥欢帖睦尔后，因为权臣燕帖木儿的反对，妥欢帖睦尔并没有能立刻登基即位。燕帖木儿死后，太后卜答失里召集大臣们商议，决定立即由妥欢帖睦尔即位

---

① 《元史》卷 114，《卜答失里皇后传》。

称帝，并约定在他死后，再把帝位传给燕帖古思，就像武宗和仁宗那样。顺帝即位后，面临的首要问题就是驱逐权臣，巩固皇权。

第一，妥欢帖睦尔登上皇位后，首先清除权臣燕帖木儿的势力。

元顺帝刚刚即位，太后卜答失里就提议把燕帖木儿的女儿答纳失里立为皇后。顺帝这时还不敢凡事自己做主，虽然他心里不愿意，也得遵命而行。册立完皇后，又开始封赏诸王功臣，封燕帖木儿的弟弟撒敦为荣王，燕帖木儿的儿子唐其势承袭了太平王的爵位；封伯颜为右丞相、寿王，让他与荣王、左丞相撒敦一起统领百官，总统庶政。其时，伯颜的地位在燕帖木儿之子唐其势之上，尤其是在得到顺帝的赏识后，伯颜便不把燕帖木儿家族放在眼里，我行我素，引起了燕帖木儿家族的不满。

元统三年（1335 年）六月，中书左丞相撒敦病故，伯颜一人独揽朝政，唐其势于是联合撒敦的弟弟答里，决定发动政变废掉顺帝，立太子燕帖古思为帝。计划为郯王彻彻秃侦知并密报给顺帝，顺帝令伯颜平定叛乱，诛杀唐其势、塔剌海等人，尽罢燕帖木儿、唐其势举用之人，彻底清除了燕帖木儿在朝中的势力。

第二，驱逐权臣伯颜。

唐其势死后，顺帝不再设左丞相，让伯颜一人担任中书右丞相，独专朝政。在此以前，伯颜已被封为秦王，赐金印，进封太师、奎章阁大学士，总领蒙古、钦察、斡罗斯诸卫军都指挥使。诛唐其势后，顺帝又依蒙古族传统，赐伯颜世袭答剌罕的称号，同时还诏令伯颜等每日在内廷议事。后至元四年（1338 年）七月，顺帝又因为伯颜有功，诏令在涿州（今河北省涿县）、汴梁（今河南省开封市）为伯颜建立生祠。次年，加号大丞相。其官衔相加，达到二百四十六字之多，在元朝历代宰相之中，伯颜的权势之显赫，为前代所未有。

伯颜在政治方面对权力的贪婪和专擅与燕帖木儿相仿，而暴虐却远甚之。他主政时期，曾出台和拟行了很多加深民族矛盾、阻滞文化发展的政令，如罢停科举；因为广州、河南等地百姓起兵反元，就奏请汉人、南人不能持有兵器马匹，甚至包括铁制农具；禁止汉人、南人学习蒙古、色目文字；中央、地方衙门幕长不得用汉人、南人；最后甚至荒唐地提出要杀尽张、王、刘、李、赵五姓汉人。

对于民变四起、社会动荡问题，伯颜不是去想办法疏导安抚民众，而是唯务镇压之能事，这不仅不能解决时弊，反而进一步加剧了时局的乱象。同时，伯颜的刚愎自用、擅权乱政不仅让顺帝心存忌惮，甚至还引起了他的侄子御史大夫脱脱的反对。伯颜还矫诏冤杀了自己的旧主郯王彻彻秃，擅自贬走宣让王帖木儿不花和威顺王宽彻普化。甚至一度有传言说，伯颜曾与文宗皇后谋废顺帝妥欢帖睦尔，改立燕帖古思。伯颜的“独秉国钧，专权自恣，变乱祖宗成宪，虐害天下，渐有奸谋”[①]的举动，让顺帝的危机感日渐加深，最终与脱脱结盟，开始着手驱逐伯颜。

后至元六年（1340年）二月，趁伯颜出猎柳林之际，顺帝和脱脱联手发动政变，剥夺了伯颜的一切职务，先贬其为河南行省左丞相，后流放于南恩州阳春县。同年四月，伯颜在贬谪途中病死于龙兴路（今江西南昌）驿舍。

至此，文宗时代遗留下来的权臣擅政问题基本上得到了解决。

三、脱脱更化

伯颜死后，为了酬功，顺帝又给予脱脱极大的权力。脱脱本人任同知枢密院事，其父马札儿台为中书右丞相，弟弟也先帖木儿为御史大夫，家族势力遍布省、院、台，他无疑有成长为又一个燕帖木儿、伯颜那样干政的契机。但是从个人的政治理念和道德标准出发，深受汉法熏陶和儒家文化影响的脱脱，却没有燕帖木儿、伯颜那样的政治野心和对权力的贪恋，他“功施社稷而不伐，位极人臣而不骄，轻货财，远声色，好贤礼士，皆出于天性”[②]，决意利用手中的权柄更化旧政，重建朝纲秩序，帮助顺帝解决元朝所面临的一系列统治危机。

脱脱执政后，所实行的治理举措主要集中在更化旧政，追求文治，整肃吏治，恢复经济，力图解决朝廷人心涣散、民变四起等一系列问题，核心是发展经济、安

---

① 《元史》卷138，《伯颜传》。

② 《元史》卷138，《脱脱传》。

顿民生。为此，他采取了以下主要整治措施：

其一，恢复被伯颜停罢的科举取士，同时大兴国子监，以收天下读书人之心。

其二，设置宣文阁，选拔儒臣为帝王讲授经典，培养皇帝雅重儒学的风尚；下令翻译《贞观政要》为蒙文，教授蒙古贵族子弟，为推行儒学汉法创造条件。

其三，修撰辽、金、宋三史，三朝“各与正统，各系年号”。

其四，恢复太庙的四时祭祀，以礼节制度的有序化，重整尊卑秩序。

其五，调整蒙古贵族内部的关系，为被伯颜谗杀的郯王彻彻秃平反，召还宣让王帖木儿不花、威顺王宽彻普化，使复旧藩，以阿鲁图正位广平王。这些举措有益于暂缓最高统治阶级内部的矛盾。对一些受到权臣打击而被剥夺领地的宗王勋贵，脱脱也归还其领地和名位，以为后续的改制争取盟友，减少阻力。

其六，“开马禁、减盐额、蠲负逋”[①]，以缓解民怨，休养民力，争取休养生息的空间。这些措施，对于安抚广大汉族民众，特别是汉人儒士，是有一定的作用的。

其七，整顿吏治，从制度建设、官员选任、督察巡防等方面加强对地方官吏考核，廉能者升迁，贪庸者降级，意图培养大批的能臣循吏，为更大的改革做铺垫。至正五年（1345 年）十一月，纂成《至正条格》，次年四月颁行天下。

脱脱的改革措施带有浓烈的汉法色彩，如休养民力，调和贵族内部矛盾等，这些措施都对时势有所挽救，朝政一时为之一新。

然而，即使是大权总揽如脱脱者，其改革过程也并非是一帆风顺。其时，朝廷上官僚正各结党羽，互相倾轧。左丞相别儿怯不花与贺太平、韩嘉讷、秃满帖儿等结为十兄弟，排挤脱脱。在朝中政敌的弹劾之下，至正四年（1344 年）五月，脱脱称病辞相，后来又远赴甘州照料贬官谪居的父亲。五年之后，待脱脱复起为右丞相之时，内外局势已经恶化到无法挽救的地步。面对满目疮痍的天下，脱脱继续推行改革，但其后续改制是失败的。为了解决财政亏空问题，脱脱力求改变钞法败坏、民生困苦不堪的状况。至正十年（1350 年），在元顺帝的支持下，脱脱颁行了至正钞

① 《元史》卷 138，《脱脱传》。

法：印造至正交钞，同等额度下，价值是之前至元宝钞的二倍，两钞并行通用；同时发行名为“至正通宝”的铜钱，与纸钞并用，以辅助推行新的钞法。由于对之前流通的中统钞如何处理并无规定，因此其似乎并未被废止，新钞的发行无疑会导致流通中货币量的增加，加剧通货膨胀。而铜钱本身有价值，钱钞兼行，百姓必然“积钱而不积钞”，造成劣币驱逐良币的后果。加上新钞发行不久，由于刘福通领导的红巾军起义爆发，元朝政府的财政收入锐减，军费开支剧增，元朝把滥发纸币当成了救急手段。结果，全国出现了物价腾跃的恶性通货膨胀，无论京师还是地方，新旧钞几乎完全失去了信誉和购买力，财政改革宣告失败，元朝面临着经济崩溃的危机。[①]

四、大元失国

元朝末年，天灾频发，民变蜂起，社会动荡，元朝统治者面临着严重的统治危机。

至正中期的开河与变钞，成为元末农民大起义的直接导火线。

早在至正四年（1344 年）夏，黄河就发生过两次决口，至正八年（1348 年），黄河再度决口。三次决口使河南行省大部分被淹，运河航行被迫滞塞，严重影响到大都赋税粮食的输入。水灾同时侵袭了山东沿海的盐场，作为国家财政支柱之一的盐税收入也大受影响。其时，因为水患而流民遍地，加上吏治腐败与财政收入减少，元朝政府也难以有效地赈济灾民，加之钞法改革失败，物价飞涨，民生更加艰难。由流民而引发的变乱不断，一场大规模的农民起义即将爆发。

面对“河决白茅堤，又决金堤，方数千里，民被其患”[②]的状况，至正十一年（1351 年），脱脱决意治河，力图让流民归乡、运河通行，并让财赋调配通畅，以缓解已经十分尖锐、一触即发的官民矛盾。治河计划从四月开始，十一月竣工。不过

---

① 参见向珊著：《解元：他们的元朝》，华文出版社 2021 年版，第 224—226 页。

② 《元史》卷 138，《脱脱传》。

七个月，治河工程即宣告成功。然而，由于刘福通领导的红巾军起义爆发，各地很快响应，这彻底中断了脱脱的治河梦想，至此，元朝统治者已经无力回天了。

红巾军起义爆发后，各地豪杰并起。至正十一年（1351 年），徐寿辉在罗田起义，国号天完，建元治平。至正十三年（1353 年），张士诚在泰州起义，翌年，建国号大周，建元天祐。为了镇压起义军，至正十四年（1354 年），脱脱率百万之众，攻伐张士诚，想重新打通关乎元朝存亡的江南通道。张士诚大败，困守高邮。不料在最后关头，元顺帝却听信谗言，罢免了脱脱的一应职务。虽有部下劝其不听诏，但恪守君命的脱脱还是拒绝了。脱脱被免职后，元军军心涣散，在高邮战役中竟然不战而溃，元朝从此再无攻伐起义军的能力，只能转为守势。失去了江南，缺乏财赋支撑的元王朝败亡时间大大提前。至正十五年（1355 年），刘福通拥韩林儿为小明王，国号宋，建元龙凤。至正十六年（1356 年），朱元璋攻占集庆。至正十七年（1357 年），刘福通所部红巾军三道北伐。至正二十年（1360 年），陈友谅杀徐寿辉，改国号为汉，建元大义。至正二十二年（1362 年），明玉珍据四川，建国号夏，建元天统。至正二十四年（1364 年），朱元璋称吴王。至正二十七年（1367 年），朱元璋灭张士诚，兴师北伐，次年八月进逼大都。至正二十八年（1368 年 ），朱元璋建国号大明，建元洪武，明军破大都，元顺帝仓皇出逃，元朝统治就此结束。

结语　元朝治理纵横谈

一

从元世祖忽必烈 1271 年正式建立元朝，到 1368 年元顺帝北逃、元朝统治结束，元朝历经十一帝，前后仅仅存在九十七年。如果从 1206 年成吉思汗建立大蒙古国算起，至元朝灭亡，元朝共存在了一百六十二年，共十五位大汗与皇帝。与汉、唐、宋、明、清相比，元朝存在的时间并不算长，除成吉思汗、忽必烈雄才大略之外，其他君主的功业几乎都比较平庸。

忽必烈时，威尼斯商人马可·波罗来到中国。他根据自己在中国十七年所见所闻，写下了轰动中世纪欧洲并引发探索新航路的《马可波罗行纪》（以下简称《行纪》），书中记载了忽必烈时代疆域辽阔、国家统一、经济富庶、商贸繁荣、制度创新、对外开放，等等。在马可·波罗看来，忽必烈是当时世界上“从来未见广有人民、土地、财货之强大君主”，故而他专列一卷“特述其伟业，及其朝廷一切可以注意之事实，并其如何保持土地、治理人民之方法”。可以说，他是第一个评价忽必烈的同时代的外国人，观察问题的角度与编写《元史》的明代学者们有很大不同。在他的《行纪》中，一个充满争议而又长期被国人忽视的王朝居然成了人间的天堂、世上的乐园。

二

忽必烈继承汗位后，在“藩邸旧臣”的帮助之下，他以中原王朝政治制度为蓝本，对大蒙古国的政治体制进行改造，逐步建立健全了颇具元朝特色的中央集权的机构和职官制度，并且被以后历代帝王所沿袭。

中书省与尚书省。忽必烈中统二年（1261 年），正式在中央设置中书省，作为国家的最高政务机关，长官为中书令，因在制度上规定以皇太子兼任中书令，所以，中书省的长官是右、左丞相，其下还有平章政事、右、左丞、参知政事等官员，统称宰执，宰相人选的决定权操于皇帝之手。至正七年（1347 年），在中书省之外另设尚书省，成为新的国家政务中心，设平章尚书省事、参知尚书省事等官员为宰辅。而中书省只设丞相、右左丞等官员，至正九年（1349 年），尚书省被并入中书省。此后，元朝在至正后期和武宗时期又两次设立尚书省，武宗去世后，罢尚书省，元朝再无尚书省的设置。

枢密院。元朝最高军事统帅机构是枢密院。在大蒙古国时期，尽管军事问题是国家最重要的政务，但却并没有专门的军事统帅指挥机构，在军事问题上实行的是大汗与宗王、万户等共议的制度，对军队的指挥权或直接在大汗之手，或根据需要由大汗授权万户、千户等指挥军事行动。忽必烈继承汗位后，于中统四年（1263 年）设立枢密院，“掌天下兵甲机密之务，凡宫禁宿卫，边庭军翼，征讨戍守，简阅差遣，举功转官，节制调度，无不由之”[①]。枢密院长官枢密使由皇太子兼任，但实际上并不参与军务，而知枢密院事则成为枢密院的实际长官，其下设官与宋、金的枢密院设官没有太大的差别。但是，元朝枢密院长官人选的民族出身的限制非常严格，汉人、南人对于事关军事的国家机密是不许染指的。知枢密院事在多数情形下是由蒙古人担任的，同知枢密院事也多由蒙古人、色目人担任，汉人只能出任枢密副使以下的院官职务。

御史台。御史台是元朝最高监察机构。在大蒙古国时期，由于蒙古诸王、色目等贵族所享有各种政治特权，因此不可能实行有效的监察。直到至元五年（1268 年），忽必烈才模仿金朝设置御史台，其职责是对各级机构及内外官员监督。御史台长官为御史大夫，初置一员，后增为二员，称右、左御史大夫，副长官为御史中丞，属官有侍御史、治书侍御史、殿中侍御史、监察御史等。因担任御史大夫的蒙古贵族不熟悉御史台政务的运作，所以先后有许多汉人出任御史中丞，他们实际上成了御史台政务的主持者。

元灭亡南宋以后，为加强对地方各级机构、官员的监督，至元十四年（1277 年）在江南八道设置提刑按察司，后来增加到十四道，并于至元二十八年（1291 年）改称肃政廉访司，是元朝在地方上设置的监察机构。

---

① 《元史》卷 86,《百官志二》。

大司农司。至元七年（1270年），忽必烈设置司农司，是元朝专门执掌劝课农桑事务的机构，后来曾改称农政院、务农司、司农寺等，设官大司农、大司农卿、少卿、丞等。其具体职责是拟定劝农条画，下设四道巡行劝农司，各道分别派出劝农使和副使各一人，检查各地农业生产和农田水利等事，考核各路、府、州、县长官劝课农桑的政绩。在大司农司的主持下，集古今农书编写，刊印《农桑辑要》，颁行诸路。作为大司农司的派出机构，曾经在地方上设置江淮行大司农司和江南行大司农司。对中原地区社会秩序的稳定和恢复社会生产发挥了积极的作用，是忽必烈推行“汉法”的基本内容之一。

宣政院。至元元年（1264年）设置时称总制院，至元二十五年（1288年）改称宣政院，它是元朝管理全国佛教事务和吐蕃政务的机构。以帝师领院事，设院使、同知宣政院事、副使等长官，宣政院有权自行选用属官。诸路、府、州、县的僧录司、僧正司、都纲司等都是隶属于宣政院的地方机构。曾经在杭州和吐蕃地区设行宣政院，执掌南方各省的佛教事务和处理吐蕃地方政务。此外，元朝还有管理也里可温，即基督教事务的崇福寺，管理回回人宗教、诉讼事务的哈的司，掌回回历法的回回司天监，教授回回文字的回回国子监，起草蒙古字诏诰文书的蒙古翰林院和教授蒙古字的蒙古国子监。

三

秦汉至两宋的中央集权，大体是通过郡县制来实现的。元承唐、宋、金之余绪，在汲取前朝郡县制中央集权经验的同时，又依据蒙古贵族入主中原后的特殊情况和需要，创造了行省制，以实现中央与地方权力分配中内重外轻、以内驭外的目标。“可以说，有元一代中央与地方的关系，就是在行省制中央集权形式下构成和展开的。行省制的中央集权，乃是元代中央与地方关系的基本属性。”[①] 元廷有关行省的

① 李治安主编：《中国五千年中央与地方关系》（上卷），人民出版社2010年版，第497页。

较严格规则，使行省内部呈现分工性地方分权机制，并主要为中央集权服务。元之行省“统郡县，镇边鄙”,“凡钱粮、兵甲、屯种、漕运、军国重事，无不领之”[①]。行省内部实行群官负责和种族交参制，在行省官员之间形成互相牵制和分权制衡。朝廷在赋予行省综领军、民、财、刑诸权力的同时，又对其进行较严格的限制。例如，成宗以后，行省的财赋支用权被规定在一千锭以下；司法方面，行省不得擅行诛杀，决大狱魇疑事，皆中书报可而后行；军事方面元廷在奉旨调军、指定统率者、处理中高级军官须咨禀等环节上，都有严格的规定，各地戍兵布置、调遣、“整点”等，始终由朝廷直接掌握。此外，元廷还推行行省官朝觐述职制度、朝廷遣官钩考、巡察等方式，来实现朝廷对行省官较严格的控驭、监督，使其诸权力基本保持在大而不专的范围或限度内。

四

元朝疆域空前广大，据《元史·地理志》记载：“自封建变为郡县，有天下者，汉、隋、唐、宋为盛，然幅员之广，咸不逮元。汉梗于北狄，隋不能服东夷，唐患在西戎，宋患常在西北。若元，则起朔漠，并西域，平西夏，灭女真，臣高丽，定南诏，遂下江南，而天下为一。故其地北逾阴山，西极流沙，东尽辽左，南越海表。”从今天的地理情况来看，自东部沿海到西部（今新疆地区），从南部的南海地区到北面的西伯利亚大部，从西南的西藏、云南到东北的鄂霍次克海，都在元朝统一政权范围之内。元朝的疆域，初步奠定了今日中国疆域的规模。在大一统基础上，元朝采用对边疆民族因俗而治、包容绥抚的政策，将边疆众多民族统一在一个强有力的中央政权之下，同时，加强对边疆地区施政，建官设治，多方经营，这对于开发与扩大中国的疆土，促进边地与内地的联系，巩固国家的统一，无疑具有重要意义。

---

① 《元史》卷 91,《百官志七》。

五

在中国历史上，汉武帝时开辟了丝绸之路，开始了中国和西亚的经济、文化交往，开始了对外交流的第一次高峰。隋唐时代，中国与中亚、南亚以及欧洲国家的经济文化交流更加频繁，出现了中外交流的第二次高峰。元朝时期，尤其是忽必烈统治时代，中国对外经济文化交流空前繁荣，对外交流的规模、所到达地区、所使用的航海技术等都超过了汉、隋、唐、宋并代表了当时世界的先进水平。

六

元朝科学技术的创新和发展也尤为显著。在农、工、商贸等业得到恢复与发展的同时，元代的科学技术也得以快速发展。元代科技的发展主要集中在忽必烈时代，项目包括天文学、地理学、水利工程、农学、医药学、史学、建筑工程等。其主要原因在于他推行了一系列正确的科技政策，倾国力，集精英发展科学技术，从而将元初科学技术的发展推进到一个新水平。据统计，元朝共取得重要的科技成果近一百项，而忽必烈在位的三十四年间就取得了四十项，占整个元朝的五分之二。可见，统一、团结、稳定、发展的忽必烈时代是元朝科技成果相当集中的时代。

元朝也是中国文化发展繁荣的重要时期。在元朝，各宗教相互包容，相互发展；蒙古语言在汉语影响下迅速发展，畏兀文与八思巴文更是独具特色；官修史书及民间史学都有发展；文学方面，特别是元曲，大放异彩，影响深远。元代文化之所以繁荣，有两个因素：经济的繁荣是元代文化得以发展的经济基础；政治环境相对宽松亦是元代文化发展的重要条件。

总之，元朝是中国历史上一个颇具特色的伟大朝代。元朝的统一，不仅对结束中国自五代十国以来几个世纪政治分裂的格局具有里程碑式的意义，就中华民族大融合、文化大发展来说，元朝更是创造了一个多元性、多样性共同发展、共同繁荣的历史新时代。元朝辽阔的疆域，众多的人口，开放、包容的性格，恢弘的气质，对“汉法”的推行，以农桑为急务、农商并重的政策，居于当时世界前列的科学技术，多元一体的文教政策，别开生面的文学艺术以及对外交流等都具有一定的史鉴意义，为后代治理多民族国家提供了经验与鉴戒。

附录　主要参考书目

[元] 苏天爵撰:《国朝名臣事略》，中华书局 1996 年版。

[明] 宋濂等撰:《元史》，中华书局 1976 年版。

[明] 陈邦瞻编撰:《元史纪事本末》，中华书局 1979 年版。

[清] 毕沅撰:《续资治通鉴》，中华书局 1999 年版。

柯劭忞编撰，黄曙辉总校:《新元史》，上海古籍出版社 2018 年版。

额尔登泰、乌云达赉校勘:《蒙古秘史》，内蒙古人民出版社 1980 年版。

[波斯] 拉施特著，余大钧、周建奇译:《史集》，商务印书馆 1983 年版。

范文澜、蔡美彪等著:《中国通史》，人民出版社 1983 年版。

韩儒林主编:《元朝史》(上、下)，人民出版社 1986 年版。

周良霄著:《忽必烈》，吉林人民出版社 1986 年版。

白寿彝总主编，陈德芝主编:《中国通史》第八卷，上海人民出版社 1997 年版。

[德] 傅海波等编，史卫民等译:《剑桥中国辽西夏金元史》，中国社会科学出版社 1998 年版。

邱树森著:《元朝简史》，福建人民出版社 1999 年版。

葛剑雄主编，姚大力著:《千秋兴亡——元》，长春出版社 2000 年版。

郑师渠总主编，任崇岳主编:《中国文化通史》(六) 辽西夏金元卷，中共中央党校出版社 2000 年版。

刘晓著:《耶律楚材评传》，南京大学出版社 2001 年版。

齐涛主编，张金铣、赵文坦、齐涛著:《中国政治通史》第七卷《恢宏与草昧的元朝政治》，泰山出版社 2003 年版。

张云著:《元朝中央政府治藏制度研究》，黑龙江教育出版社 2003 年版。

李治安著:《元代政治制度研究》，人民出版社 2003 年版。

李治安著:《忽必烈传》，人民出版社 2004 年版。

[伊朗] 志费尼著，何高济译:《世界征服者史》上册，商务印书馆 2004 年版。

朱耀廷著:《成吉思汗传》，人民出版社 2004 年版。

朱耀廷著:《正说元朝十五帝》，中华书局 2006 年版。

陈高华、张帆、刘晓著:《元代文化史》, 广东教育出版社 2009 年版。

朱耀廷著:《蒙元帝国》, 人民出版社 2010 年版。

李治安主编:《中国五千年中央与地方关系》, 人民出版社 2010 年版。

王德忠著:《中国历史统一趋势研究——从唐末五代分裂到元朝大一统》, 商务印书馆 2010 年版。

黎东方著:《细说元朝》, 上海人民出版社 2013 年版。

马大正著:《中国边疆治理通论》, 湖南人民出版社 2015 年版。

周良霄著:《元史》, 上海人民出版社 2019 年版。

陈高华、史卫民著:《元代政治制度史》, 中国社会科学出版社 2020 年版。

向珊著:《解元: 他们的元朝》, 华文出版社 2021 年版。